좋은
음식에 관한
책

좋은
음식에 관한
책

현존하는 가장 오래된
독일어 요리 교본

미하엘 데 레오네 지음
번역 및 해제 박믿음

"이성을 갖고 와인을 마시는 것이
오만함을 갖고 물을 마시는 것보다 낫다."

———————

헬레노폴리스의 주교 팔라디우스

차례

제2부

들어가는 글

최근 몇 년간 그칠 줄 모르고 지속되어온 음식문화를 향한 관심이 옮긴이에게 이렇게 두 번째 책을 출판할 기회를 가져다주었다. 첫 번째 책은 고대 로마의 요리서였으나, 두 번째 책은 그로부터 1,300여 년이 지난 중세 독일인들의 요리서이다. 미술사와 고고학을 전공한 덕분에 라틴어와 중세 고지 독일어를 조금이나마 읽을 수 있어 용기를 내 작업을 진행하였다.

이 책은 오롯이 조리법만을 다루고 있지만 실제로 적용하기 힘든 내용을 담고 있다. 또한 실용 학문에 포함시켜야 할지, 기초 학문에 포함시켜야 할지 망설이게 되는 애매한 형식을 취하고 있기도 하다. 이런 모호함과 내용의 가벼움으로, 특히 문학적인 측면에서 그 값어치를 인정받지 못하여 오랫동안 연구자들로부터 큰 관심을 받지 못해왔던 요리서를 출판할 수 있게 되어 감회가 남다르다. 최근 오래된 요리서들에 관한 활발한 연구가 진행되고 있다. 서양 문화를 심도 있게 이해하기 위해서는 가장 먼저 일차 사료들이 제대로 연구되어야 한다. 음식은 특정 문화를 이해하는 가장 쉽고 빠른 수단이 아닐까 생각해본다. 음식을 먹는다는 것은 인간의 가장 원초적이면서 솔직한 욕망과 연결되어 있는 동시에 그 사회를 연구하는 데 중요한 자리를 차지하고 있다. 그렇기 때문에 음식은 단순히 취향의 문제만이 아니다. 음식은 관습이자 전통이며 교육이기도 하다. 머나먼 중세 독일의 상류층들이 향유

하던 음식문화를 간접적으로나마 경험하고 싶은 독자들에게는
상당히 흥미로운 책이 될 것이라 생각된다.

2019년 9월
옮긴이 박민음

일러두기

— 이 책은 오늘날 뮌헨 대학도서관에서 소장하고 있는 2° Cod. ms. 731, Cim. 4라는 분류 번호가 붙은 필사본을 원전으로 삼고 있으며, 1884년 슈투트가르트에서 출판된 활자본《Ein Buch von Guter Speise》를 참고하여 우리말로 옮겼다.

— '요리 재현'의 조리법은 2004년 괴팅엔에서 출판된 Jacob Blume의《Das Buch von guter Speise. Mittelalterlich kochen》와 2012년 만하임에서 출판된 Trude Ehlert의《Kochbuch des Mittelalters》에 소개된 조리법을 참조하였다.

— 본문에 삽입된 삽화는 옮긴이가 직접 그렸으며, 1581년 프랑크푸르트에서 출판된 활자본《Ein new Kochbuch》과 1533년 슈트라스부르크에서 출판된 활자본《Schachtaffeln der Gesundheit》의 도해를 참고했다.

— 원전에는 차례가 존재하지 않으며, 독서의 편의를 위해 옮긴이가 만들어 삽입한 것이다. 다만 음식 제목 앞에 달린 번호는 원전에서 그대로 가져왔다.

— 모든 단어를 우리말로 옮기지는 않았다. 동식물명 중에 우리말로 정립되지 않은 것들은 독일어명을 그대로 따랐다. 예) 브라스멘, 슈필링

— 음식 이름이나 조리법 역시 우리말로 정립되지 않았거나 원전의 내용을 다른 문헌과 대조하고 비교할 필요가 있는 독자들을 고려해 때에 따라서 독일어를 음차하였다. 예) 아르메 리터, 콘카벨리테, 파스테테

— 도량형은 현대 독일어 발음을 음차하여 표기하였으며, 독자들이 이해하기 쉽도록 ( ) 안에 오늘날의 단위로 환산하여 기재하였다.

— 원전에서 소실되거나 누락된 내용은 [ ] 안에 표기하였다. 예) [56]. 플라덴, [77a]. [제목 없음]

— 각주는 전부 옮긴이가 붙인 것이다. 본문에 옮긴이가 부연 설명한 내용은 ( )로 표기했다.

— 1부와 2부로 나뉜 구성 역시 옮긴이가 독자들이 이해하기 쉽도록 임의로 만들었다.

— 고유명사 중에 원음대로 표기한 것이 있다. 따라서 국립국어원의 외래어 표기법과 다른 것이 있다.

예: 괴팅겐 → 괴팅엔

Diz buch sagt von guter spise
daz machet die vnrihtige köche wise
   Ich wil vnderwisen·
   von den koche spisen·
   der ein niht versten kan·
   der sol diz buch sehen an·
Wie er groz gerihte machen· kume
von vil kleinen sachen·
dise lere merke er vil eben·
die in diz buch wil geben·
Wanne ez kan wol berihten·
von mangerleie gerihten·
von grozzen·vn von kleinen·
Wie sie sich veinen·
vn wie sie sich besachen· (mache
daz sie klein gerihte zu hoh spise
der sol diz buch vnemen·
             en
vn sol sich niht schemen·
Ob er fraget des er niht enkan·
des bescheit in schier ein wiser man·
wer denne kochen wolle lerne·
der sol diz buch merken gerne·
   Vo einer schuzzeln ze mache
   man sol nemen ein phunt
mandels·vn sol nur wine die mi
luch vz stozzen·vn kursen ein ph
unt·vn rlahe die durch ein sip·
vn tu die kirsen in die milich·
vn nim eine vierdung rises do
sol man stozzen zu mele·vn tu
daz in die milich·vn nim denne
ein rein smaltz·oder spec·vnde

snelle daz in einer phannen·vn
tu dar zu ein halbe mark wizzes
zuckers·vn vsaltz niht·vn gibz
im von einer huz lebern

Ein huzes lebern sol man bra
ten uf eime roste die man lange
behalten wil·vn sol die dunne
sniden zu schiben·vn nim eine
reinen honicsaum den sude·vn
nim denne yngeber·vn galga
vn negelin·die stozze vnder ein
ander·vn wirfe sie dar in·vn
nim denne ein faz·oder ein schaf
dar in du ez wilt tun·vn waschez
gar rein·vn guz ez dar in ein schuh
honiges·vn lege denne ein schiht
lebern·vn also furbaz·vn legez
vaste uf ein ander·vn sezze daz
hin wilt du machen eine blame

Wie man sol machen eine bla
menser· oz an sol nemen zigenin
milich·vn mache mandels ein
halp phunt·einen vierdunt ry
ses sol man stozzen zu mele·vn
tu daz in die milich kalt·vn nim
eines hunes brust die sol man
zeisen·vn sol die hacken dor in
vn ein rein smaltz sol man dor in
tun·vn sol ez dor inne sieden·vn
gibs in genuc·vn nime ez denne
wider·vn nim gestozzen violn vn
wirfe den dor in·vn eine vierdunc

《좋은 음식에 관한 책》 필사본 시작 페이지.

프롤로그

이 책은 훌륭한 음식을 소개하고 있으며
잘 알려지지 않은 조리 방식을 보여줍니다.

나는 여러분께 요리를 가르쳐드리고자 합니다.
요리가 잘 이해되지 않는 사람은
이 책을 읽고 배워야만 합니다.
소소한 재료로 어떻게 가치 있는 음식을 만들 수 있는지,
이 책이 주는 이러한 가르침을 제대로 명심하셔야 합니다.
이 책에는 손수 만든 크고 작은 요리들을
언제 어떻게 서로 잘 조합하고,
또 어떻게 조리하며,
또 어떻게 고급스러운 요리들을 만들어낼 수 있는지,
많은 것이 담겨 있습니다.
이러한 것을 전혀 이해할 수 없는 사람들은 이 책에 귀를
기울여야 합니다.
의문이 생기거나 이해하지 못한다고 부끄러워 마십시오.
여기 한 현명한 사람이 여러분께
이 모든 것에 대하여 이야기하고 있습니다.
요리를 배우고자 하는 사람은
이 책의 내용을 반드시 숙지해야 합니다.

제**1**부

1 콘카벨리테는 중세시대부터 식탁에 오르던 달콤한 음식 중 하나로, 이 책을 통해 그 조리 방법이 오늘날까지 전해지고 있다.

2 푼트는 시대, 지역, 용도별로 차이가 있었다. 이 책에서는 중세 독일의 뷔르츠부르크의 상점에서 사용하던 푼트로 계산하였다. 이 책이 중세 독일의 뷔르츠부르크에서 쓰였기 때문이다. 1푼트는 약 480그램이었다.

3 아몬드우유를 만드는 과정을 설명하고 있는 부분이다.

4 원전에 smaltz라 표기된 슈말츠Schmalz는 훈제하지 않은 돼지비계나 거위의 지방을 잘게 썰어 고열을 가해 얻어지는 기름을 조리용으로 굳힌 것이다. 이 책에서는 돼지에서 추출한 슈말츠를 사용하고 있기 때문에 모두 '돼지기름'으로 표기하였다.

5 원전에는 spec이라 쓰여 있고 현대 독일어로는 슈펙Speck이라 한다. 이 책에 자주 등장하는 슈펙은 돼지껍질과 살 사이에 넓게 자리 잡고 있는 하얗고 단단한 지방층, 즉 돼지비계를 가리킨다. 돼지비계는 금방 상하기 때문에 흔히 소금에 절여서 사용했다.

7 마르크는 중세에 무게와 질량을 나타내는 데 사용했던 단위다. 1마르크는 전통적으로 1/2푼트와 같으며, 통상적으로 8운체 또는 16로트와 같다. 중세 독일의 뷔르츠부르크 지역에서 사용하던 1마르크는 약 240그램에 해당한다. 각주 2번 참조.

1

(콘카벨리테는) 우묵한 그릇에 만듭니다: 아몬드 1푼트(약 480그램)[2]를 준비해야 합니다. 준비한 아몬드에 와인을 넣고 갈아줍니다.[3] 그런 다음 체리 1푼트(약 480그램)를 준비하여 체에 거릅니다. 체에 거른 체리를 (아몬드)우유에 넣으십시오. 쌀 1/4푼트(약 120그램)를 갈아서 가루로 만들어야 합니다. 이것을 (아몬드)우유에 넣으십시오. 그다음 정제한 돼지기름[4]이나 돼지비계[5]를 팬에 녹입니다. 그런 다음 하얀 설탕 1/2마르크[6](약 120그램)를 넣습니다. 소금 간은 너무 짜지 않게 합니다. 그리고 식탁에 냅니다.

1 꿀을 용기에 넣어 오래 저장해두면 결정화가 이루어진다. 이렇게
결정화된 꿀을 다시 액체로 만들려면 따뜻하게 열을 가해야 한
다. 그렇게 하면 점성이 덜한 흐르는 꿀을 얻을 수 있다. 이때 위로
솟아오르는 작은 기포가 생겨나는데, 꽃가루 입자 같은 것이 솟
아오르는 것이라고 한다. 이것이 벌꿀 표면에 거품을 형성하게 된
다. 여기서 말하는 꿀의 거품이란 이를 가르키는 것으로 보인다.

2 이 책에서 '고량강'이라 부르는 식물이 고량강*Alpinia officinarum*과 큰
고량강*Alpinia galanga* 중 어느 것인지 분명하지 않다. 아라비아 상인
을 통해 중세 유럽으로 들어온 이 두 식물을 중세 독일인들은 모
두 고량강이라고 불렀다. 고량강과 큰고량강은 거의 비슷하게 생
겼으나 고량강이 좀 더 작고, 껍질에 붉은빛이 돌며, 속은 짙은 호
박색을 띤다. 속 빛깔이 진할수록 맛이 진하고 맵다. 큰고량강은
오늘날 '타이 생강'이라고도 불리는데, 중세에는 매우 귀하고 값
지게 여겨졌다. 중세인들은 큰고량강을 신선한 상태 그대로 혹
은 말려서 사용했다. 큰고량강은 신선한 때와 말렸을 때의 맛 차
이가 크다. 신선한 큰고량강은 생강과 흡사하면서 부드러운 맛을
내는 반면, 말린 큰고량강은 좀 더 자극적인 맛에 계피와 비슷한
향을 낸다. 때문에 말린 큰고량강은 물에 담가 불려서 사용했는
데, 그렇게 하면 신선한 때의 맛과 비슷해지기 때문이다.

3 정향나무의 꽃봉오리를 말려 만든 향신료를 정향이라 한다. 정향
*Syzygium aromaticum*은 이미 고대에 인도에서 전해져 중세에는 널리 퍼
진 향신료 중 하나였다.

2 사슴 간 요리

사슴의 간을 오래 보관하려면 석쇠에 구워야 합니다. 그런 다음 납작하게 썰어야 합니다. 정제한 꿀의 거품[1]을 준비하십시오. 끓이십시오. 생강을 준비합니다. 고량강[2]과 정향[3]도 준비합니다. 이렇게 준비한 재료를 한데 섞어 빻아주십시오. 그러고 나서 모두 꿀에 넣습니다. 그런 다음 만든 것을 저장하고자 하는 독이나 단지를 준비하십시오. 깨끗하게 닦아줍니다. 꿀을 붓습니다. 그 위에 간을 한 층 깔아주십시오. 이렇게 꿀과 간을 층층이 깔아주십시오. 꽉꽉 눌러 담으십시오. 밀봉하여 보관합니다.

1 원전의 blamensir, blamenser, blamensier는 오늘날 블랑망제 Blancmanger라 부르는 음식과 관련 있다. '하얀 음식'이라는 뜻의 블랑망제는 일반적으로 젤리 유형의 아몬드크림 또는 코코넛우유 푸딩을 가리키며, 이미 고대부터 존재해 역사상 가장 오래된 디저트 중 하나라고 할 수 있다. 그러나 중세의 블랑망제는 꿀과 아몬드로 만든 디저트는 물론이고, 다진 수탉이나 송아지고기 따위의 흰 육류를 젤리처럼 굳힌 음식을 지칭하는 용어이기도 했다. 이 책 '[77]. 블랑망제 - [77a]. [제목 없음]' 참조.

2 원전에는 도량형 단위 없이 그냥 1/2이라고 쓰여 있다(이어지는 쌀, 설탕도 마찬가지다). 전체 양의 1/2이거나 당시 일반적으로 사용되던 단위인 푼트의 1/2로 보인다. 만약 푼트가 생략된 것이라면 아몬드 양은 약 240그램이다.

3 여기서 우유는 염소젖을 의미하는 것으로 보이지만 아몬드를 사용한 것으로 보아 아몬드우유일 수도 있다.

4 블랑망제는 중세인들이 빈번하게 사용하던 아몬드우유와 마찬가지로 빛깔에서 오는 '정결한' 이미지 때문에 금식일 음식에도 사용되었다. 금식일 기간에 만들어 먹을 수 있는 재료인 강꼬치고기를 넣은 블랑망제를 뒤에 소개하고 있다.

3   블랑망제를 만들고자 하십니까[1]

블랑망제는 어떻게 만들어야 하는가. 염소젖을 준비해야 합니다. 아몬드 1/2[2]도 준비하십시오. 쌀 1/4을 빻아서 가루로 만들어야 합니다. 그런 다음 쌀가루를 차가운 우유[3]에 넣으십시오. 닭가슴살을 준비합니다. 살을 잘게 찢어 다진 다음 앞서 만들어놓은 우유에 넣습니다. 여기에 정제한 돼지기름을 넣고 충분히 끓입니다. 불에서 내린 다음 빻아놓은 제비꽃을 준비하십시오. 그런 다음 미리 만들어 불에서 내려놓은 것에 넣으십시오. 설탕도 1/4 넣습니다. 이러한 방법으로 금식일 기간에 블랑망제를 만들 수 있습니다.[4] 같은 방법으로 강꼬치고기 블랑망제도 만들 수 있습니다.

요리 재현	그리스식 닭
난이도	●●●●○

재료	닭 1마리
4인분	돼지고기 500그램
	드라이 화이트와인 1/5리터
	꿀 1큰술
	간 생강 1작은술
	후추
	소금
	장미꽃잎

만드는 방법 준비한 닭을 먹기 좋게 잘라 삶는다. 돼지고기도 삶는다. 팬에 와인을 붓는다. 꿀, 생강, 후추를 넣고 한소끔 끓인다. 소금 간을 한다. 닭을 커다란 접시 가운데에 놓는다. 돼지고기를 보기 좋게 잘라 닭고기 주변에 둥그렇게 둘러서 놓는다. 소스를 붓고 장미꽃잎을 뿌려 식탁에 낸다.

◆고기를 구워서 사용할 수도 있다.

4   그리스식 닭

'그리스식 닭'이라 부르는 요리입니다. 닭을 구워야 합니다. 돼지고기는 부드러워질 때까지 삶아 익힙니다. 닭과 돼지고기를 잘게 다져 잘 섞습니다. 여기에 장미 1/4푼트(약 120그램)를 넣습니다. 생강과 후추를 준비하십시오. 와인이나 식초도 필요합니다. 그리고 설탕이나 꿀도 넣습니다. 이 모든 것을 한데 넣고 끓이십시오. 그리고 식탁에 냅니다. 단, 소금 간은 너무 짜지 않게 합니다.

5 이것은 그리스식 쌀 요리라고 합니다

'그리스식 쌀'이라고 부르는 요리입니다. 쌀을 준비해야 합니다. 길어 온 물을 붓고 쌀을 끓이다가 반쯤 익으면 물을 따라 버리십시오. 여기에 정제한 돼지기름을 넣어 끓이다가 돼지기름을 따라 버립니다. 그러고 나서 설탕을 뿌리십시오. 그리고 식탁에 냅니다. 소금 간은 너무 짜지 않게 합니다.

1 어떤 이유로 이런 이름이 붙었는지 정확히 알 수 없다. 아마도 근
동 혹은 적어도 유럽이 아닌 다른 지역에서 들어온 음식이거나 낯
선 음식 재료를 사용하였기에 붙은 이름으로 보인다. 여기서 이
교도는 당시 '사라센'이라 불린 이슬람교도를 지칭하는 것이라 추
측할 수 있으며, 여기서 '반죽'을 만드는 재료가 사라센의 곡물이
라 불렸던 메밀이라는 연구보고가 있다. 메밀은 본래 중국이 원
산지로 알려져 있지만, 중세 독일에는 사라센을 통해 들어왔다.

요리 재현	쇠고기 토르테
난이도	●●●●○

재료	밀가루 250그램, 라드 100그램, 달걀 5개
4인분	다진 쇠고기 500그램, 사과 1개, 양파 1개, 마늘 2쪽
	러비지, 슈펙 200그램, 달걀노른자 2개, 물

만드는 방법 밀가루, 라드, 달걀 1개를 섞어 반죽한다. 이때 물을 조
금 부어 점도를 맞춘다. 반죽이 다 됐으면 한 시간 정도
상온에 놔둔다.

냄비에 물을 붓고 다진 쇠고기를 넣어 끓인다. 다 익었
으면 체로 받쳐 물기를 뺀다. 그런 다음 사과는 껍질을
벗기고 씨를 뺀 다음 잘게 깍둑썰기한다. 양파와 마늘
도 다진다. 준비해놓은 재료를 한데 넣고 섞는다.

오븐 팬에 유산지를 깐 다음 얇고 넓게 밀어놓은 반죽
을 놓는다. 반죽 중앙에 소를 놓고, 반죽 가장자리를
들어 잘 덮어가면서 원통 모양으로 만든다. 포크로 여
기저기 찔러준다. 미리 예열해둔 오븐에서 섭씨 200도
에 40분쯤 굽는다. 굽기 시작한 지 20분 정도가 지나
면 반죽 표면을 달걀노른자로 잘 칠해준다. 다 구워졌
으면 잠시 휴지시켰다가 썰어서 식탁에 낸다.

[5a]　　　　　　　　　　이교도식 케이크[1]

　'이교도식 케이크'라고 부르는 요리입니다. 반죽을 만들어
야 합니다. 반죽을 얇고 넓게 밀어야 합니다. 그런 다음 삶은
고기를 준비하십시오. 반죽 위에 잘게 다진 돼지비계, 사과, 후
추, 달걀을 놓습니다. 이렇게 준비한 것을 구워 식탁에 냅니다.
소금 간은 너무 짜지 않게 합니다.

1 뇌가 들어가는 요리이기 때문에 '똑똑한' 음식이라고 불렀을 가
   능성이 있다는 의견이 있으나, 짐승의 뇌를 사용하지 않은 음식
   에도 '똑똑한'이라는 표현을 쓰고 있다. 원전에 사용된 klug(영
   clever)은 '똑똑한'이라는 뜻뿐만 아니라 중세시대에는 '양질의',
   '고급의', '섬세한', '부드러운', '맛 좋은', '달콤한' 등 여러 가지 의
   미로 사용되었다. 따라서 조리 방법이나 문맥에 따라 다른 의미
   를 담고 있다고 생각된다. 그러나 이 책에서는 모두 '똑똑한'으로
   옮겼으며, 이 책에 소개된 '똑똑한' 요리는 대체로 '맛 좋은'과 '달
   콤한' 이 두 가지 뜻과 관련이 있는 것으로 보인다

여러 가지 동물의 고환과 뇌.

6

똑똑한 음식[1]

이것은 똑똑한 음식입니다. 뇌를 준비해야 합니다. 꿀, 사과, 달걀도 준비하십시오. 그리고 양념을 넣어 잘 섞으십시오. 이 것을 꼬치에 꽂아 잘 구운 다음 식탁에 냅니다. 이렇게 만든 음식을 '뇌 구이'라고 부릅니다. 같은 방법으로 삶은 혀 꼬치구 이도 만들 수 있습니다.

1 들꿩$^{Tetrastes\ bonasia}$은 꿩과에 속하는 조류로 낙엽이 풍부한 활엽수
  림이나 혼합림 지역에서 주로 서식하며 숲속의 땅 위에 둥지를 짓
  고 알을 낳는다. 유럽과 아시아에 널리 분포한다.

2 원전의 프리젠탈^{friesental}이 어느 지역인지는 확실하지 않다. 슐레
  스비히홀슈타인과 라인가우 두 곳에 프리젠탈^{Frisenthal}이라는 지
  명이 존재한다.

3 이것이 정확히 어떤 식물인가에 대해서는 의견이 엇갈린다. 고대
  부터 열을 내리거나 두통을 완화하기 위해 사용하던 약용식물
  피버퓨$^{Tanacetum\ parthenium}$라는 의견과 '탄지'라고도 불리는 쑥국화
  $^{Tanacetum\ vulgare}$ L.라는 의견이 있다. 쑥국화는 변비 예방, 살충, 살균
  목적으로 사용되었다. 옮긴이는 후자에 무게를 실었는데, 원전의
  reynevan은 현대 독일어 Rainfarn(쑥국화)과 어원학적인 관계가
  있다고 생각했기 때문이다.

7   이것은 들꿩[1] 요리입니다

‘프리젠탈[2]식 들꿩’ 요리는 이렇게 만듭니다. 쑥국화,[3] 파슬리, 세이지를 준비해야 합니다. 서로 잘 섞으십시오. 여기에 빵을 조금 갈아서 넣습니다. 양념을 하고 달걀을 넣으십시오. 그런 다음 와인을 부어가면서 잘 저어줍니다. 그러고 나서 한데 섞어 끓이십시오. 그리고 식탁에 냅니다.

1 여기서는 태어난 지 3주 된 돼지를 사용하였지만, 어린 암퇘지
  는 보통 성적으로 성숙하기 이전인 6개월 미만의 암퇘지를 의미
  한다.

8 　　　　　　　속을 채운 어린 암퇘지 구이

속을 채운 어린 암퇘지[1] 구이는 이렇게 만듭니다. 자, 일단 태어난 지 3주 된 어린 암퇘지를 준비하십시오. 끓는 물에 데친 다음 식힙니다. 피부가 상하지 않도록 조심하면서 털을 전부 뽑으십시오. 단, 배 부분은 그대로 놔두십시오. 이제 고기와 뼈를 분리하십시오. 그리고 모든 내장을 제거하십시오. 다리에 달린 발굽은 그대로 놔둡니다. 분리해놓은 고기를 달걀 두 개와 함께 푹 끓인 다음 (냄비에서) 꺼내놓으십시오. 삶은 고기와 돼지비계를 잘게 다지십시오. 여기에 날달걀을 넣습니다. 빵도 잘라 한 조각 넣습니다. 파슬리도 넣습니다. 소금도 적당히 넣습니다. 이렇게 만든 소를 암퇘지 안에 채워 넣으십시오. 단, 너무 꽉 채워 넣으면 안 됩니다. 앞쪽 입에도 소를 채워 넣으십시오. 속을 채운 암퇘지를 아주 조심스럽게 솥에 넣습니다. 껍질이 찢어지지 않도록 잘 끓이십시오. 그런 다음 꺼내서 나무 석쇠 위에 올려 살짝 굽습니다. 암퇘지가 잘 구워졌으면, 쟁반을 준비하십시오. 그 위에 대접을 올려놓으십시오. 그 위에 쟁반 네 개를 더 올리십시오. 그리고 (맨 위에 있는) 쟁반에 달걀지단을 입히십시오. 달걀지단을 입힌 쟁반 위에 암퇘지를 올리십시오. 암퇘지도 달걀지단으로 잘 감싸주십시오. 단, 귀와 입만 밖으로 보이게 합니다. 그리고 식탁에 냅니다.

1 크기가 작고 동그란 모양의 자두로 학명은 *Prunus domestica* subsp. *insititia*이다. 독일어권에서는 간단하게 '크리헤' 또는 '크리헤를' 이라고 부르기도 한다.

2 여기서 무스는 퓌레, 크림, 달걀 따위를 힘껏 저어 거품과 같이 가 벼운 질감을 내도록 한 것을 의미한다. 채소, 과일, 해산물 등 다 양한 재료를 사용하여 만들 수 있다. 이 책에서는 오늘날의 잼, 마멀레이드, 푸딩, 소스 등 갈거나 으깨어 만든 것을 통틀어 '무 스'라고 칭하고 있다.

3 슈필링*Prunus domestica* subsp. *pomariorum*은 자두의 일종이다. 이 자두는 노란색, 붉은색, 혹은 노란색과 붉은색을 모두 띠거나 보라색에 가까운 푸른색을 띤다. 지역에 따라 슈필케, 카타리나 자두라고 부르기도 한다.

9   자두로 만든 똑똑한 음식

크리헨 자두[1]를 준비해야 합니다. 자두는 잘 여문 것이 좋습니다. 준비한 자두를 흙으로 빚어 구운 냄비에 넣으십시오. 와인이나 물을 부어 끓이십시오. 자두가 흐물거릴 때까지 끓도록 놔둡니다. 씨가 부서지지 않도록 조심스럽게 찧으십시오. 이를 체에 걸러줍니다. 여기에 잘 구운 빵을 잘라 넣습니다. 꿀도 첨가합니다. (맛이 들도록) 그대로 놔둡니다. 그런 다음 와인이나 물을 붓습니다. 말린 허브를 빻아 넣으면서 무스[2]를 만듭니다. 이러한 방법으로 체리 무스나 슈필링[3] 무스도 만들 수 있습니다.

1 여기에 소개된 것은 '파페제Pavese', '포페제Povese', 혹은 '아르메 리 터Arme Ritter'라고도 불리던 음식의 한 변형으로, 오늘날의 프렌치 토스트와 비슷하다. '파페제'라는 이름은 아마도 이탈리아 북부 에 위치한 도시 파비아에서 중세 기사들이 사용하던 방패 '파베 제'에서 유래한 것으로 보인다.

2 아니스Pimpinella anisum는 이 책에 양념 재료로 사용된 다른 대부분 의 식물과 마찬가지로 고대부터 재배되어왔으나 정확한 원산지 는 알지 못한다. 아니스라는 이름으로 미루어 보아 지중해 연안 을 그 원산지로 추측하고 있을 따름이다. 아니스는 꽃과 어린 잎, 열매 모두 식용할 수 있다. 아니스 특유의 톡 쏘는 듯한 향과 달콤 한 맛 때문에 독일에서는 '단 큠멜Süßer Kümmel'(큠멜은 캐러웨이를 가 리킨다. '17. 속을 채운 강꼬치고기' 각주 2번 참조)이라는 별명으로 불리기 도 하였다. 16세기 중반에 쓰인 허브에 얽힌 민간신앙에 관한 책 에는 아니스가 특별한 능력을 가지고 있다고 기록되어 있다. 이 책에 따르면 아니스로 몸을 씻으면 젊음을 유지할 수 있으며, 젖 이 잘 나오고, 성욕을 증가시킨다고 한다.

10 서양배로 만든 요리[1]

구워놓은 배를 준비하십시오. 신맛이 나는 사과도 준비하십시오. 준비한 배와 사과를 잘게 다져줍니다. 여기에 후추를 뿌린 다음 아니스[2]와 날달걀도 넣으십시오. 빵을 얇게 두 조각 썰어주십시오. 준비한 재료를 빵 사이에 손가락보다 두껍지 않을 정도로 꽉 채워 넣습니다. 달걀을 얇게 부칩니다. 부친 달걀로 빵을 감싸주십시오. 그런 다음 버터를 넣고 겉면이 붉어질 때까지 팬에 굽습니다. 그리고 식탁에 냅니다.

1 이 책에서 '흰 빵'과 '질 좋은 흰 빵'은 정제된 밀가루를 사용하여 구운 빵을 의미한다. 이 책 '50. 구이 요리' 각주 참조.

2 사프란은 흔히 사프란-크로커스*Crocus sativus*라 부르는 식물에서 얻는 붉은색 향신료이다. 사프란-크로커스의 구근 하나에서 피는 꽃은 그리 많지 않다. 굉장히 독특하게도, 그 몇 개 되지 않는 꽃의 암술만을 말린 것이 바로 사프란이다. 다른 식물성 재료들의 경우 주로 씨, 열매, 뿌리, 줄기, 잎, 꽃 등을 사용하는 데 반해, 사프란은 오로지 암술대만을 사용한다. 언제, 누가, 어떤 과정을 거쳐 이렇게 독특한 방식으로 향신료를 만들어냈는지에 대해서는 알려진 바가 없다. 음식을 아름다운 노란색으로 물들이기 위한 중요한 재료인 동시에 약용 식물이기도 했던 사프란은 고대부터 사치품에 속했다. 중세에도 마찬가지로 고가의 향신료였으며, 사프란 1푼트에 말 한 마리 값과 맞먹었다는 기록이 전해진다.

3 설명이 정확하지 않아 확실하지는 않지만 이중으로 덮으라는 뜻으로 보인다.

4 절구를 통째로 뒤집어 구웠기 때문에 굽는 과정에서 지방이 흘러나와 요리가 기름지지 않게 된다는 뜻으로 보인다.

닭고기로 만든 훌륭한 음식

구운 닭을 작은 크기로 분리합니다. 흰 빵[1]을 준비하십시오. 달걀을 넣은 얇은 반죽을 만드십시오. 그릇에 사프란[2]과 후추를 넣고 잘 섞으십시오. 이렇게 준비한 재료들을 신선한 돼지기름과 함께 절구에 넣고 찧습니다. 절구 위에 접시를 올려 뒤집으십시오. 그런 다음 (엎어진 절구를) 대접으로 덮어 불 위에 올리십시오.[3] 이렇게 하면 열이 골고루 전달됩니다. 부드러운 재료가 단단해질 때까지 익히십시오. 돼지기름이 흘러나오면[4] 완성된 닭(요리)을 대접에 담아 식탁에 냅니다.

1 냄비를 불에서 내리라는 뜻인 듯하다.

2 마르멜로*Cydonia oblonga*는 '퀸스' 혹은 '유럽 모과'라고도 불리는 장미과에 속한 나무와 그 열매를 일컫는다. 마르멜로는 오래된 역사를 가진 과일로, 원산지는 캅카스 및 남캅카스 지방으로 알려져 있으며, 대략 4,000년 전부터 경작되어왔던 것으로 추정된다. 고대 그리스에서는 기원전 600년경부터, 고대 로마에서는 기원전 200년경부터 경작했다. 중유럽에서는 9세기 즈음부터 경작하기 시작했다. 겉보기에는 모과와 비슷한데, 과육은 매우 밝은 노란빛을 띠며 수분이 적고 단단하다. 떫고 신맛이 강하기 때문에 생으로 먹기보다는 조리해서 먹었다. 한편 마르멜로는 마멀레이드의 어원이기도 하다.

12 　　　　　　　　　풍성하고 훌륭한 요리

　　어떤 음식을 만들고자 하십니까. 서양배를 보기 좋게 네 쪽으로 자르십시오. 자른 배를 냄비에 넣고 뚜껑을 덮듯이 반죽으로 싸주십시오. 단, 증기가 빠져나올 수 있도록 합니다. 냄비를 (반죽으로) 덮었으면 냄비 주변에 이글거리는 숯을 둘러놓고 익힙니다. 뭉근한 열로 천천히 익도록 놔두십시오. 그런 다음 배를 꺼내십시오.[1] 냄비에 정제한 꿀을 붓습니다. 꿀은 배보다 많이 넣어야 합니다. 걸쭉해질 때까지 끓입니다. 그리고 식탁에 냅니다. 사과와 마르멜로[2]를 넣어서 만들 수도 있습니다. 단, 후추를 충분히 뿌려야 합니다.

1 원전의 도브리츠^{dobriz}는 일종의 액즙으로, 1450년경 오스트리아
  의 몬트제 수도원에서 제작된《몬트제 요리서^{Mondseer Kochbuch}》에
  그 조리법이 실려 있다. 만드는 방법을 요약하면 다음과 같다: 성
  마르틴의 날에 수확한 신맛 나는 사과를 깎아 잘게 자른 다음, 벌
  꿀술에 담가 갈색이나 검은색이 될 때까지 재워놓는다.

2 중세인들이 빈번하게 사용했던 아몬드우유는 다른 식물성 재료
  들을 섞어 만들기도 하였으며, 그 깨끗한 이미지 때문에 금식일
  음식에도 사용하였다. 그러나 이 책에서 아몬드우유 만드는 방법
  을 정확하게 설명하지 않는 이유는 아마도 당시 중세 귀족들이나
  상류층 부엌에서는 보편적으로 쓰이던 식료품이었기 때문에 따
  로 만드는 방법을 설명할 필요가 없었던 것으로 보인다.

13   속을 채운 케이크

속을 채운 케이크를 만들려면 먼저 도브리츠[1]를 준비하십시오. 달걀을 풀어줍니다. 그런 다음 빵이나 생선을 부숴서 넣습니다. 아니면 걸쭉한 아몬드우유[2]를 넣으십시오. 이렇게 하면 허브가 들어간 맛있는 케이크를 만들 수 있을 뿐만 아니라 무스나 무스를 넣은 요리도 만들 수 있습니다.

1 벌꿀술을 독일어권에서는 메트^{Met}라고도 부른다. 메트는 '달콤한 음료'라는 뜻을 가지고 있다.

2 여기서 1마스는 커다란 맥주잔 한 잔 분량과 같았다. 이는 대략 1.069리터에 해당하는 양이었으며, 지역에 따라 약간의 차이가 있었으나, 오늘날의 단위에 따라 1리터로 변형되었다.

3 시간을 정확하게 측정할 수 없었던 중세에는 일상적인 여러 생활 습관을 통해 시간을 말하곤 했다.

4 라틴어 salvia에서 유래한 이름으로, '구하다'라는 뜻을 갖고 있다. 세이지가 약용 식물로서 갖는 가치가 이름에 담겨 있다고 할 수 있다. 거의 모든 유럽어권에서 이 식물에 붙은 이름에는 '구하다'라는 뜻이 담겨 있다. 오랜 역사를 갖고 있는 세이지는 중세 요리에서도 큰 비중을 차지하였다. 특히 장어나 돼지 같은 기름진 '고기' 요리에 들어가는 것은 물론이고 벌꿀술, 맥주, 심지어 와인에도 세이지 잎을 넣어 마시곤 했다. 그 밖에 반죽이나 달걀요리 같은 데에도 들어갔다. 특히 독일 남부에서는 세이지 잎이 쥐의 몸통, 잎에 연결된 줄기가 쥐의 꼬리처럼 생겼다 하여 '뮈슬리^{Müsli}'라는 별명으로 부르기도 하였다. 뮈슬리는 작은 쥐를 뜻하는 남부 말이다.

5 위에 언급한 밭까지 걸어서 왕복한 시간의 절반을 의미한다.

6 뇌젤은 오랫동안 소매업이나 부엌에서 사용하던 계량 단위로, 주로 맥주잔을 계량컵으로 사용했다. 지역에 따라 조금씩 차이가 있지만 1뇌젤은 대략 0.5리터와 같다.

7 가라앉은 찌꺼기를 걸러내는 방법이다.

14   훌륭한 벌꿀술을 만들고자 하십니까

훌륭한 벌꿀술[1]을 만들고자 하신다면, 깨끗한 우물에서 물을 길어다가 손을 넣을 수 있을 정도로 따뜻하게 데우십시오. 물은 2마스(약 2.138리터),[2] 꿀은 1마스(약 1.069리터)를 준비하십시오. 막대기로 저어준 다음 잠깐 그대로 놔두십시오. 이것을 깨끗한 천이나 고운체에 걸러 깨끗한 통에 내립니다. 그런 다음 밭까지 걸어갔다가 돌아오는 시간[3] 정도 달이십시오. 끓는 동안 올라오는 거품은 구멍 뚫린 대접으로 걷어냅니다. 액체가 딸려오지 않도록 거품만 잘 걷어냅니다. 이 벌꿀술을 깨끗한 통에 붓고 증기가 빠져나가지 않도록 뚜껑을 덮어주십시오. 손을 갖다 댈 수 있을 만큼 꼭 닫습니다. 이제 컵을 준비합니다. 반 컵 꽉 채운 분량의 홉과 세이지[4] 한 줌을 벌꿀술에 넣고 1/2마일레[5] 동안 끓여 졸아들도록 놔둡니다. 여기에 신선한 효모 1/2뇌젤(약 0.25리터)[6]을 넣으십시오. 제대로 발효될 수 있도록 잘 섞어주십시오. 그런 다음 뚜껑을 덮어놓되, 가스가 배출될 수 있게 합니다. 하루를 보내고 또 하룻밤 동안 놔두십시오. 이를 깨끗한 천이나 아주 고운체에 걸러 깨끗한 통에 채웁니다. 그리고 사흘 낮, 사흘 밤 동안 발효시킵니다. 매일 밤 새로 걸러 통에 채워준 다음 그대로 놔둡니다. 이때 다른 것이 효모에 들어가지 않도록 잘 봉합니다. 그러고 나서 효모가 가라앉도록 여드레 동안 그대로 놔둡니다. 매일 저녁 통은 바꿔주십시오.[7] 그런 다음 역청을 바른 통에 벌꿀술을 붓고 여드레

양봉, 《건강학 개설서》, 15세기, 카사나텐세 도서관, 로마.

동안 놔둡니다. 이렇게 만든 벌꿀술은 6주나 8주가 지나면 마실 수 있습니다. 이리하여 최고의 벌꿀술이 만들어졌습니다.

1   원전의 pastede는 오늘날 파스테테[Pastete]라고 부른다. 파스테테는
    양념한 육류나 생선 따위를 반죽 속에 채워 구운 것을 일컫는다.
    이 음식은 이미 오래전부터 알려져 있었는데, 최근 연구에 따르
    면 수메르인들의 요리법이 전해진다고 한다. 일부 보고에 의하면
    유럽에서는 11세기경 프랑스에서 생겨났다고 하지만, 고대 로마
    요리서 《데 레 코퀴나리아[De re coquinaria]》에서도 파스테테와 비슷
    한 조리법을 찾아볼 수 있다. 파스테테에 들어가는 소를 만들기
    위해 사용했던 양념은 대개 고가의 수입품이었기 때문에, 이 음
    식이 가장 많이 소비됐던 르네상스 시대에도 오로지 귀족과 성직
    자들의 식탁에만 오를 수 있었다. 또한 파스테테는 일상적인 음
    식이라기보다는 축제 음식의 성격을 갖고 있었다.

파스테테[1]

생선 파스테테를 만들고자 하십니까. 우선 생선 비늘을 제거하십시오. 비늘을 제거한 생선은 삶은 다음 바로 껍질을 벗겨내십시오. 그런 다음 작게 토막 냅니다. 파슬리와 세이지를 다져 넣습니다. 후추, 생강, 계피, 사프란도 넣습니다. 와인으로 간을 맞춥니다. 그리고 발효시킨 반죽을 얇게 밀어 그 위에 생선을 놓으십시오. 여기에 와인을 뿌리고 얇게 민 반죽으로 덮으십시오. 이를 둥글게 모양 잡은 다음 위쪽에 구멍을 뚫으십시오. 그런 다음 뚜껑을 덮어 반죽을 굽습니다. 같은 방법으로 닭고기 파스테테도 만들 수 있습니다. 다른 고기나 사냥고기, 장어나 날짐승으로도 만들 수 있습니다.

1 원전에 luterm tranke라 표기된 루터트랑크^{lutertranc}는 와인에 여러 허브와 향신료를 섞어 만든 음료로, 그 원형을 물숨^{mulsum}에서 찾아볼 수 있다. 물숨은 고대 로마인들이 마시던 알코올성 음료이며, 주재료는 와인과 꿀이다. 그러나 물숨을 만드는 방법은 와인에 꿀을 섞는다는 기본적인 사항만 같을 뿐, 집집이 비율이나 추가로 넣는 재료 등이 달랐다.

16 간으로 만든 요리

간 하나와 완숙달걀을 준비해야 합니다. 준비한 간과 달걀을 절구에 넣어 으깨야 합니다. 여기에 루터트랑크[1]를 부어 잘 섞어야만 합니다. 또는 와인이나 식초를 부어야만 합니다. 이를 겨자분쇄기에 넣어 갈아야 합니다. 그런 다음 양파를 준비하십시오. 돼지기름이나 기름에 익힙니다. 이렇게 만든 것을 생선 또는 사냥고기 위에 붓습니다. 이러한 방법으로 다른 많은 것들을 만들 수 있습니다.

1 강꼬치고기*Esox lucius*는 포악한 탐식성 어종으로 '민물 바라쿠다' 라고도 불린다. 긴 몸통은 두꺼운 비늘로 겹겹이 싸여 있고, 가시 는 날카롭고 뾰족하여 숙련된 요리사라 하더라도 손질하기 어려 운 생선이지만 별미로 알려져 있다.

2 우리가 일반적으로 캐러웨이*Carum carvi*라고 부르는 이 식물을 독 일인들은 큐멜*Kümmel*이라고 부른다. 지중해 연안지역과 서아시 아를 원산지로 보고 있으며, 고대부터 요리에 사용하던 캐러웨이 의 열매는 아니스에서 단맛을 뺀 톡 쏘는 시원한 맛이 난다. 열매 는 초승달과 같이 생겨 표면에 미세한 주름이 세로로 나 있다. 열 매 모양이 쿠민*Cuminum cyminum*과 매우 흡사하여 간혹 혼동되는 경 우도 있다. 비슷한 모양새와 달리 쿠민과 캐러웨이의 맛은 완전히 다르다. 고대 로마인들이 즐겨 사용하던 것은 쿠민이었다. 오늘날 독일인들은 캐러웨이를 빈번하게 사용하는 반면, 중세에는 그렇 지 않았다. 중세 초기만 해도 수도원에서 기록한 재배 식물 목록 에 캐러웨이가 올라 있는 경우는 거의 없다. 그러다가 중세가 끝 나갈 무렵부터 독일 지역에 널리 퍼지기 시작하여 오늘날에는 독 일 음식의 성격을 규정짓는 양념 재료로 자리 잡게 되었다. 그런 의미에서 이 책에서 캐러웨이를 사용하는 조리법은 중요한 의미 를 갖는다.

3 강꼬치고기의 속을 채우는 방법은 이 책 '36. 강꼬치고기 요리'와 '46. 생선 요리' 참조.

17 속을 채운 강꼬치고기[1]

속을 채운 강꼬치고기 요리는 다음과 같이 만들어야 합니다. 적당한 강꼬치고기를 준비합니다. 비늘을 벗기고, 내장부터 아가미까지 제거합니다. 어떤 종류의 생선이든 익혀서 가시를 제거하십시오. 그런 다음 절구에 넣어 으깹니다. 여기에 세이지, 후추, 캐러웨이,[2] 사프란을 넣어 빻습니다. 소금도 알맞게 넣으십시오. 이렇게 준비한 재료를 강꼬치고기에 채워 넣습니다.[3] 소금을 솔솔 뿌려준 다음, 나무 석쇠 위에 올려 굽되 아주 잘 굽습니다. 이러한 방법으로 달걀을 이용하여 만들 수도 있습니다.

18 신선한 장어 요리

신선한 장어를 준비하십시오. 차갑게 식힌 재로 점액질을 잘 씻어냅니다. 그런 다음 머리 쪽부터 꼬리까지 껍질을 쭉 벗겨내십시오. 세이지와 파슬리를 다집니다. 여기에 생강, 후추, 아니스, 적당량의 소금을 넣고 빻으십시오. 이렇게 만든 양념을 장어에 뿌립니다. 그 위에 다시 장어 껍질을 덮고, 소금을 뿌려 나무 석쇠 위에 올려 구우십시오. 그리고 식탁에 냅니다.

1 연어 크기에 맞춰야 하므로 반죽이 커야 한다.

2 브라스멘*Abramis brama*은 잉어과에 속한 민물고기로 유럽 전 지역에 서식한다. 브라흐메, 브라흐센, 브레젠 따위로 불리기도 한다.

브라스멘.

19   이것은 연어로 만든 훌륭한 요리입니다

연어 한 마리를 준비하십시오. 비늘을 긁어 제거하십시오. 그리고 반으로 갈라 벌려주십시오. 파슬리와 세이지를 잘게 다지십시오. 생강, 후추, 아니스, 소금을 빻아주십시오. 발효 시킨 반죽을 크게 한 덩이 만드십시오.[1] 반죽에 허브를 뿌리고 치대서 반죽합니다. 그런 다음 잘 눌러 모양을 만듭니다. 이러한 방법으로 강꼬치고기, 송어, 브라스멘[2] 요리도 만들 수 있습니다. 종류에 따라 알맞은 재료를 반죽에 넣어 구우십시오. 다음과 같이 만든 요리는 육식일肉食日에 먹습니다: 닭, 자고새, 비둘기, 꿩으로도 만들 수 있습니다. 모양을 잡아 만든 다음 돼지기름에 굽거나 만든 모양이 흐트러지지 않도록 세심하게 끓입니다. 닭은 가슴살만 발라내서 사용하거나 다른 좋은 고기를 사용하십시오. 그렇게 해야 훌륭한 요리가 만들어질 것입니다. 소금 간은 너무 짜지 않게 합니다.

1 이 책 '38. 슈톡피시 요리'와 과정이 매우 흡사하다.

2 슈톡피시 Stockfisch는 머리와 내장을 제거한 후 말린 생선을 일컫는
   다. '카벨랴우'라고도 부르는 대서양대구 Gadus morhua, '쾰러'라고도
   부르는 북대서양대구 Pollachius virens, '쉘피시'라고도 부르는 해덕대
   구 Melanogrammus aeglefinus 등 대구과에 속한 생선으로 만든다. 독일에
   서 슈톡피시는 전통적으로 소금에 절이지 않고 그대로 말리며,
   금식일에 사용할 수 있는 대표적인 요리 재료였다.

3 식초가 살을 단단하게 만들어주기 때문이다.

20 슈톡피시로 만드는 방법을 이야기하고자 합니다[1]

슈톡피시[2]를 준비하십시오. 슈톡피시를 아직 손질하지 않았다면, 껍질을 벗겨내십시오. 그런 다음 하룻밤 동안 차가운 물에 담가 부드럽게 만듭니다. 부드러워진 슈톡피시를 꺼내어 식초에 담가 꾹꾹 눌러주십시오.[3] 이렇게 하면 생선이 (부서지지 않고) 통째로 온전하게 유지됩니다. 두 마리를 엮어 나무 석쇠에 올려놓으십시오. 열이 골고루 전해질 수 있도록 불을 사방으로 피우십시오. 버터를 똑똑 떨어뜨리듯이 골고루 뿌립니다. 하얀 밀가루에 달걀을 넣어 그럴싸한 반죽을 만드십시오. 여기에 후추, 생강을 빻아 넣습니다. 사프란도 조금 넣어주십시오. 생선에는 소금을 적당히 뿌려줍니다. 생선이 완전히 뜨거워지면, 반죽을 두드리고 빙글빙글 돌려 펴줍니다. 석쇠 아래에 더 많은 숯을 넣어 빨갛게 달아오르도록 합니다. 미리 그렇게 해야 합니다. 버터를 충분히 뿌려 식탁에 냅니다.

1 무엇을 의미하는지 확실치는 않으나 페니로열^{Mentha pulegium}을 뜻
하는 것으로 생각된다. 페니로열은 박하속에 속하는 식물로 고
대부터 약재로 또는 음식 재료로 사용되어왔다. 종명의 pule-
gium은 라틴어로 벼룩을 뜻하는 pulex에서 유래하였는데, 이는
향이 매우 강한 이 식물이 벼룩을 퇴치하는 데 효과적이라 하여
로마인들이 puleium(pulei)이라고 부른 데서 기인한다. 독일어로
는 페니로열을 'Polei-Minze'라고 부른다. 이 단어에서 라틴어와
독일어가 합성된 흔적을 찾아볼 수 있다. 아마도 원전의 bolei는
'Polei'를 뜻하는 것으로 보인다.

21 훌륭한 음식

끓여서 익힌 돼지 창자와 위를 준비하십시오. 끓여 익힌 창자는 긴 것과 짧은 것, 네 토막으로 자르십시오. 그런 다음 끈처럼 길쭉길쭉하게 길이로 썰어주십시오. 돼지 위는 잘게 썰어주십시오. 길이로 썰어놓은 창자와 위는 너비로 썰어주십시오. 크기는 원하는 대로 정합니다. 파슬리, 페니로열bolei,1 민트, 세이지, 완숙달걀을 준비하십시오. 질 좋은 흰 빵의 단단한 껍데기도 아낌없이 준비하십시오. 그리고 후추 조금과 달걀 하나를 대접에 준비합니다. 식초와 잘 우린 육수를 붓고 빻으십시오. 단, 너무 시지 않게 간을 맞춥니다. 그런 다음 이렇게 준비한 재료를 뜨거운 불 위에 올립니다. 돼지기름을 넣고 걸쭉해질 때까지 뭉근히 익힙니다. 그리고 식탁에 냅니다. 소금 간은 너무 짜지 않게 합니다.

삶아서 익힌 작은 돼지의 창자 세 개를 준비하십시오. 창자를 삶지 않고 요리하려면 불 위에 올려 돼지기름에 익히십시오. 길고 커다란 창자는 모두 길이를 맞춰 썰어줍니다. 달걀 두 개를 풀어 넣으십시오. 잘 구운 빵도 조금 넣습니다. 후추와 소금은 적당히 넣습니다. 이렇게 준비한 양념에 창자를 넣고 익힙니다. 그런 다음 창자에 양념을 채워 넣으십시오. 이 창자를 다시 대장에 끼워 넣으십시오. 채우고 남은 양념은 대장 속에 부은 다음, 안쪽에 있는 작은 창자와 바깥쪽에 있는 대장의 양쪽 끝을 모두 묶어주십시오. 창자 속에 든 양념이 골고루 분배되도록 합니다. 푹 끓이십시오. 그리고 뜨겁게 식탁에 냅니다.

1 앞서 당근 모양으로 구운 것을 말한다.

2 당근을 넣지 않은 '당근 요리'라고 할 수 있다. 특정 재료의 형태
   만을 모방하여 만드는 요리는 고대부터 존재했다.

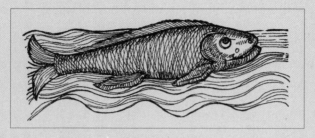

연어.

23   훌륭한 음식

닭가슴살을 준비하십시오. 닭가슴살을 잘게 썬 다음 절구
에 넣어 으깨십시오. 여기에 밀가루를 조금 뿌리고 빵을 대충
뜯어 넣습니다. 후추나 생강도 넣습니다. 소금도 적당히 뿌려
주십시오. 달걀 한 개 또는 두 개를 재료 양에 따라 적당히 넣
습니다. 서로 응어리져서 뭉치도록 잠시 놔두십시오. 그런 다
음 꼬챙이 두 개를 손가락만 한 길이로 자르십시오. 표면이 고
르고 매끈하며 끝이 둥근 꼬챙이가 좋습니다. 준비한 재료를
당근 크기만큼 떼어낸 다음 꼬챙이에 끼워 손으로 주무르고
돌려가면서 표면을 고르게 만들어주십시오. 꽉꽉 눌러주면서
당근 모양으로 만듭니다. 그런 다음 불에 구워 단단해지면 꼬
챙이를 잡아 뽑습니다. 그리고 팬에 넣어 끓입니다. 처음 만든
것이 끓을 동안 다른 꼬치도 만들어주십시오. 끓이던 꼬치가
다 익으면 다음 꼬치를 넣어 끓입니다. 원하는 만큼 반복하여
만들 수 있습니다. 모두 삶았으면, 꺼냅니다. 다져서 만든 무스
에 버터를 넣고 저으십시오. 이를 당근[1] 속에 채워 넣은 다음
(속을 채운 방향과 반대로) 가로질러 꼬챙이에 꽂으십시오. 뜨겁게
데운 다음 버터를 뿌려 식탁에 냅니다. 강꼬치고기나 연어 또
는 원하는 다른 재료로도 '당근'을 만들 수 있습니다.[2]

1 15세기까지 설탕은 후추와 더불어 소수만이 융통할 수 있는 사치품에 속했다. 중세인들이 설탕을 유산 목록에 포함시키거나 지참금으로도 사용했다는 기록이 남아 있다. 또한 설탕은 19세기에서 20세기 초까지도 원뿔형 덩어리로 생산됐는데 이를 '설탕봉'이라 부른다. 설탕봉 하나의 무게는 평균적으로 1,700그램 정도였고, 이렇게 덩어리로 된 정제당을 부숴서 사용하는 것이 일반적이었다. 흥미로운 점은 설탕을 주로 약국에서 판매했다는 사실이다. 당시 설탕은 순전히 감미료로서 쓰인 사치품이었으나, 설탕이 유럽에 처음 들어왔을 때에는 의료 분야에 한정적으로 사용됐기 때문이다.

2 '칼레우스caleus'라는 이름은 라틴어 calere(따뜻하다, 뜨겁다)와 관련이 있어 보인다.

2 동물의 젖을 포함한 우유처럼 젖빛이 나는 액체를 의미한다.

24   이 또한 훌륭합니다

아몬드를 준비하십시오. 준비한 아몬드를 끓는 물에 넣고 데치십시오. 데친 아몬드를 천에 올려놓은 다음 비비고 두드리십시오. 아니면 절구에 넣고 갈아주십시오. 질 좋고 단단한 흰 빵을 준비하십시오. 겉 껍데기를 얇게 도려내십시오. 그런 다음 빵을 둥글고 납작하게 썰어야 합니다. 썰어놓은 빵 네 쪽을 모두 포개어 작게 자르되 끈처럼 길게 자르십시오. 반대 방향으로도 썰어주십시오. 이렇게 하면 작은 조각이 만들어집니다. 아몬드우유를 불 위에 올리십시오. 따뜻해질 때까지 데웁니다. 여기에 썰어놓은 빵을 넣고 걸쭉하게 만듭니다. 불에서 내리지 말고 더 끓이십시오. 그런 다음 대접에 붓고 설탕[1]을 넣습니다. 이를 '칼레우스'[2]라고 부릅니다. 그리고 식탁에 냅니다. 달걀노른자를 넣어 만들고자 한다면, 다른 종류의 우유[3]를 넣어 만들 수도 있습니다.

25 구운 우유를 만들고자 하십니까

구운 우유를 만들고자 하십니까. 그렇다면 지방이 많이 함유된 우유를 준비하지 마십시오. 우유를 응고시켜야 하기 때문입니다. 나중에 우유를 부드럽게 꺼낼 수 있도록 냄비에 천 주머니를 덮어씌웁니다. 응어리가 잘 뭉쳐지도록 처음부터 지긋이 눌러주십시오. 그대로 아침부터 저녁까지 놔두십시오. 그런 다음 이를 막대기처럼 길쭉하고 얇게 자르십시오. 소금을 뿌려 나무 석쇠 위에 놓으십시오. 그리고 잘 굽습니다. 후추를 조금 뿌리고 버터를 뿌리십시오. 육식일이라면 돼지기름을 뿌리십시오. 그리고 식탁에 냅니다.

푸줏간, 《건강학 개설서》, 15세기, 카사나텐세 도서관, 로마.

26 이것은 훌륭하고 풍부한 요리입니다

거위 한 마리를 꼬챙이에 끼우십시오. 내장을 삶으십시오. 달걀 네 개를 준비하여 완숙으로 삶으십시오. 삶은 달걀을 넣은 (절구에) 잘 구운 빵의 껍데기만 뜯어서 넣으십시오. 여기에 캐러웨이도 넣습니다. 후추도 조금 넣고 사프란도 넣으십시오. 삶은 닭 간을 세 개 준비하십시오. 여기에 새콤한 맛이 나도록 식초와 닭 육수를 적당히 부어가면서 으깹니다. 그런 다음 양파의 껍질을 벗겨 얇게 썰어놓으십시오. 썰어놓은 양파를 냄비에 넣으십시오. 여기에 돼지기름을 넣거나 물을 부으십시오. 그러고 나서 양파가 부드러워질 때까지 끓입니다. 그리고 신맛이 나는 사과를 넣으십시오. 사과씨는 도려내십시오. 양파가 푹 익었다면 사과를 넣고 부드럽게 될 때까지 익히십시오. 그런 다음 앞서 양념해놓았던 간과 (부드럽게 익혀놓은) 사과와 양파(혼합물)를 모두 팬에 붓습니다. 그리고 거위가 다 구워졌으면 살을 잘게 찢으십시오. 거위 살을 보기 좋은 그릇에 담으십시오. 팬에 부어서 익힌 양념을 부어주십시오. 그리고 식탁에 냅니다.

1 새끼를 도축하여 얻은 고기를 뜻한다.

2 두 개의 스펀지에 묻히라는 것은 각각의 스펀지에 묻히라는 뜻
   이다.

27 식탁에 올리기 좋은 요리

달걀부침을 준비하십시오. 신맛이 나는 사과를 익히지 않은 채로 준비합니다. 그리고 어린 고기[1]를 준비하여 삶습니다. 후추와 사프란도 준비하십시오. 이 모든 것을 한데 넣고 빻아주십시오. 그리고 날달걀을 섞어 부드럽게 만들어줍니다. 이제 달걀지단을 부쳐서 잘라 나누십시오. 여기에 미리 만들어둔 소를 올립니다. 모두 같은 양이 되도록 합니다. 지단을 덮어서 붙인 다음 달걀을 넣어 만든 반죽을 묻혀 적십니다. 그러고나서 끓고 있는 돼지기름에 익히십시오. 소를 채운 지단이 단단해질 때까지 지진 다음 꼬챙이에 꽂아 불 위에 올리십시오. 그리고 한쪽에는 달걀을, 다른 한쪽에는 돼지기름을 풀어놓고 두 개의 스펀지에 묻혀[2] 굽고 있는 지단말이에 발라주십시오. 타닥타닥 소리가 나면서 붉게 익을 때까지 계속 발라줍니다. 그리고 식탁에 냅니다.

1 메이스*Myristica fragrans*는 육두구 씨를 둘러싸고 있는 그물 모양의 선
  홍색 씨껍질 부분을 말린 것이다. 모양과 색이 꽃과 같아서 육두
  구꽃이라고도 부른다. 이 책 원전에서도 육두구의 꽃이라고 부
  르고 있다. 육두구는 9세기경 유럽에 들어왔다. 후추, 계피와 함
  께 중세인들에게 사랑받은 양념 중 하나였다.

　칠성장어를 준비하십시오. 준비한 칠성장어를 여섯 토막으로 자릅니다. 이때 가운데 토막은 다른 토막보다 짤막하게 자르십시오. 소금을 뿌려주십시오. 그런 다음 나무 석쇠에 올려놓으십시오. 잘 굽습니다. 다 구워지면 가운데 토막을 절구에 넣어 으깹니다. 여기에 식초에 담가 부드럽게 만든 검은 빵 껍데기도 넣어주십시오. 후추도 넣습니다. 생강, 캐러웨이, 메이스,[1] 정향도 넣고 함께 빻아주십시오. 오래 보관하고자 한다면, 식초를 넣어 신맛이 나게 만들고 꿀도 조금 섞어주십시오. 준비한 재료들을 끓여서 식힌 다음 식초와 꿀을 넣어야 합니다. 구운 칠성장어나 다른 원하는 재료로도 만들 수 있습니다. 방법은 같습니다.

28 닭 요리를 만들고자 하십니까

이 요리의 이름은 '왕의 닭'입니다. 구운 어린 닭을 준비하십시오. 그리고 잘게 자르십시오. 신선한 달걀을 준비하십시오. 그리고 잘 풀어줍니다. 여기에 다진 생강을 넣습니다. 아니스도 조금 넣으십시오. 이렇게 준비한 것을 튼튼한 절구에 부어 따뜻하게 데우십시오. 양념이 뜨거워지면 앞서 넣었던 것과 동일한 허브와 달걀을 더 넣습니다. 절구에 닭고기도 넣으십시오. 사프란도 넣습니다. 소금도 적당량 넣으십시오. 그런 다음 절구째 불 위에 올립니다. 뜨거워지면 바로 돼지기름을 조금 넣습니다. 그대로 식탁에 냅니다. 이렇게 만든 요리를 '왕의 닭'이라고 부릅니다.

1 간을 깨끗하게 손질하는 과정을 설명하고 있다.

요리 재현	새콤달콤한 소 간 요리
난이도	●●●●○

재료	소 간 600그램
4인분	빵가루 30그램
	후춧가루 1작은술
	생강가루 1작은술
	아니스 1작은술
	와인식초 6큰술
	꿀 3큰술
	소금

만드는 방법 소 간을 적당히 서너 조각으로 잘라 기름을 조금 두른 팬이나 석쇠에 굽는다. 익힌 간을 얇게 편으로 썬다. 여기서 두세 조각 정도를 남겨놓고 나머지는 팬이나 석쇠에 완전히 굽는다. 남겨놓았던 간 두 조각을 믹서에 갈아 빵가루와 섞는다. 그리고 후춧가루, 생강가루, 아니스, 꿀, 소금, 와인식초를 넣고 잘 섞은 다음, 오븐용 그릇에 넣어 오븐에 굽는다. 다 구워지고 나면 그 위에 썰어놓은 간을 보기 좋게 올리고 후추와 소금으로 간을 한 후 식탁에 낸다.

29   훌륭한 간 요리를 만들고자 하십니까

결절이 없는 소 간을 준비하십시오. 다섯 조각으로 자르십시오. 석쇠에 올려 굽습니다. 자, 그럼 간이 깨끗해졌으면, 따뜻한 물에 담가 씻으십시오. 아니면 기름을 넣어 끓인 물에 씻어도 좋습니다.[1] 이렇게 손질한 간을 끓인 다음 구우십시오. 다 구워지면 불에서 내려 차갑게 식히십시오. 그런 다음 보기 좋게 자릅니다. 이렇게 자른 간의 절반을 절구에 넣고 으깹니다. 여기에 볶은 빵 껍데기 가루와 후추를 넣습니다. 생강을 넣어 매운맛을 내고 아니스도 조금 넣습니다. 식초, 꿀도 넣고 함께 빻아주십시오. 그리고 이렇게 준비한 양념이 걸쭉해질 때까지 끓이십시오. 다 끓었으면 차갑게 식힙니다. 여기에 간을 원하는 만큼 넉넉하게 넣으십시오. 결혼식과 같은 축제일에는 사슴 간으로 만들어도 좋습니다. 멧돼지 간으로도 만들 수 있습니다. 위와 같은 조리법을 기억해둔다면 다른 요리에도 활용할 수 있습니다.

1 이 책 '12. 풍성하고 훌륭한 요리' 각주 2번 참조.

훌륭한 음식

닭을 준비하십시오. 준비한 닭을 다 익히지 말고 살짝만 구우십시오. 그런 다음 잘게 자르십시오. 자른 닭을 오로지 돼지기름과 물만 넣고 끓이십시오. 그리고 빵 껍데기와 생강을 준비하십시오. 후추와 아니스도 조금 준비합니다. 이것들을 한데 넣고 식초를 뿌려 빻은 다음 끓이십시오. 그리고 구운 마르멜로[1] 네 개를 준비하십시오. 그런 다음 조금 전에 미리 만들어둔 양념에 넣으십시오. 닭도 넣습니다. 그리고 끓입니다. 걸쭉해질 때까지 끓게 놔두십시오. 마르멜로가 없다면 구운 서양배도 좋습니다. 구운 마르멜로나 서양배를 냄비 가운데에 올려 식탁에 냅니다. 소금 간은 너무 짜지 않게 합니다.

1 원전을 그대로 옮기면 '녹색 콩'이다. 여기서 '녹색'은 고대 요리서에서도 보이는 표현으로 '신선한'이라는 뜻으로 사용되기도 하였다. 내용으로 보아 고대부터 내려오던 조리법을 가져다 발전시킨 형태로 보인다. 그렇기 때문에 '신선한'으로 옮겼다.

31 　　　　　　　　　　　　　　콩 요리

신선한[1] 콩을 삶으십시오. 콩이 물러질 때까지 삶습니다. 질 좋은 흰 빵을 준비하십시오. 후추도 조금 필요합니다. 캐러웨이는 후추의 세 배 정도를 준비하십시오. 식초와 맥주도 준비하십시오. 모든 재료를 한데 넣고 갈아주십시오. 여기에 사프란도 넣어주십시오. 그런 다음 건더기가 없도록 깨끗하게 거른 육수를 갈아놓은 재료에 부어주십시오. 소금 간을 적당히 한 다음 끓이십시오. 그리고 식탁에 냅니다.

1 원전의 아그라츠^agraz^는 신맛, 쓴맛, 아린맛, 매운맛 등의 맛을 나타내는 라틴어 단어 acer에서 파생된 단어로, 과일로 만든 신맛이 나는 소스 혹은 국물을 뜻한다. 여기서는 와인 찌꺼기, 다시 말해서 효모가 들어 있는 와인의 찌꺼기를 사용하라고 했지만 완전히 숙성되지 않은 신맛이 나는 와인을 섞어 만들기도 한다. 이 신맛 나는 와인이 바로 베르쥐^verjus^(또는 버주스)라고 불리는 것이다. 중세 조리법에서는 이따금 아그라츠와 베르쥐를 같은 의미로 사용하기도 한다. 이 책의 '35. 아그라츠'와 비교.

2 원전에는 salse라고 쓰여 있다. 중세 고지 독일어 'salse'는 이탈리아어 salsa, 프랑스어 sauce와 같은 의미로 사용되었다. 이 단어는 소금을 넣어 만든 국물이라는 뜻을 가지고 있다. 이것이 오늘날에는 '소스'라 부르는 것이 되었다. 이 책에 소스라고 옮긴 단어는 모두 salse를 의미한다.

마늘을 소금으로 문질러주십시오. 그러면 껍질이 벗겨집니
다. 여기에 달걀 여섯 개를 넣습니다. 아시다시피 식초를 넣으
십시오. 물도 조금 넣습니다. 너무 시면 안 됩니다. 이렇게 준비
한 것을 끓입니다. 점도가 생기면 닭고기를 구워 넣고 곰보버
섯이나 다른 버섯을 넣어줍니다. 아니면 원하는 다른 것들을
넣어 만드십시오.

[32a]   아그라츠[1]를 만들고자 하십니까

와인 밑에 가라앉은 찌꺼기를 준비하십시오. 신맛 나는 사
과를 갈아주십시오. 이 둘을 서로 잘 섞습니다. 여기에 와인을
붓습니다. 잘 저어 섞으십시오. 이렇게 만든 소스[2]는 구운 양
고기에 잘 어울립니다. 닭고기에도 잘 어울리고 생선에도 잘
어울립니다. 이것을 '아그라츠'라고 부릅니다.

1 콘디멘트^{condiment} 또는 코디멘트^{codiment}는 양념을 뜻하는 라틴어
단어 condimentum에서 유래하였다. 콘디멘트는 양념을 한 국
물이나 소스를 의미한다. 이 책에서 찾아볼 수 있는 콘디멘트, 콘
디멘텔린, 콘디멘틀린은 모두 같은 의미로 사용되었다. 원전에서
요리 제목에 이렇게 동일한 의미이면서도 철자가 조금씩 다른 단
어를 붙인 경우에는 그대로 옮겼지만, 본문(조리법)에 사용된 경우
에는 문맥에 따라 '양념'이라 옮겼다.

33 또 다른 콘디멘트[1]

셜롯을 준비하십시오. 껍질을 벗긴 다음 소금을 넣고 갈아 주십시오. 적당량의 와인 또는 식초를 넣어 눌러 짭니다. 이 소스는 구운 쇠고기에 잘 어울립니다.

요리 재현	마늘과 세이지로 만든 소스
난이도	●●●○○

재료	포도 250그램
4인분	소금기를 뺀 슈펙 100그램
	세이지잎 4~5장
	마늘 2쪽
	드라이 레드와인 1/4리터
	소금

만드는 방법 슈펙을 잘게 깍둑썰어 팬에 볶다가 와인을 붓는다. 여기에 껍질을 깐 마늘과 잘게 다진 세이지를 넣는다. 포도도 대충 으깨어 넣고 끓인다. 다 끓었으면 체에 거른 다음 소금으로 간을 맞춘다.

◆입맛에 따라 설탕을 조금 넣어도 좋다.

◆양고기를 비롯한 붉은살 고기나 내장을 채워 넣은 파스테테 같은 요리에 잘 어울린다.

신맛 나는 포도를 준비하십시오. 여기에 세이지와 마늘 두 쪽을 넣으십시오. 돼지비계도 넣으십시오. 이렇게 준비한 것을 모두 잘 빻아주십시오. 눌러서 짜십시오. 그런 다음 이 훌륭한 소스를 식탁에 냅니다.

요리 재현	아그라츠
난이도	●○○○○
재료 4인분	포도 250그램 사과 2개 레드와인 1/4리터 후추
만드는 방법	사과는 껍질을 벗기고 씨를 제거한다. 포도와 사과를 믹서에 곱게 간다. 여기에 와인을 부은 다음 고운체에 걸러낸다.

씨방이 든 심을 뺀 사과를 준비하십시오. 파슬리와 흰 비트도 준비합니다. 이렇게 준비한 재료를 한데 넣고 빻은 다음 눌러서 짭니다. 그러면 파슬리 색을 띤 즙이 나옵니다. 이렇게 만든 것도 아그라츠라고 합니다.

칠성장어잡이, 《건강학 개설서》, 15세기, 파리 국립도서관, 파리.

　싱싱한 강꼬치고기 한 마리를 준비하십시오. 통째로 껍질을 벗기십시오. 이를 끓여서 익힙니다. 그런 다음 가시를 발라내십시오. 준비한 허브를 생선과 빻아서 으깨십시오. 여기에 날달걀과 사프란을 넣어주십시오. 이것을 (먼저 벗겨낸) 강꼬치고기 껍질 속에 채워 넣으십시오. 그런 다음 살짝 구워 식탁에 냅니다.

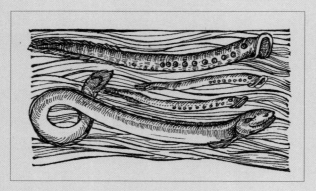

칠성장어와 장어.

싱싱한 장어로 만든 요리

싱싱한 장어를 준비하십시오. 껍질을 벗겨내고 머리를 자른 다음 끓여서 익힙니다. 그런 다음 뼈를 발라내십시오. 허브, 달걀, 질 좋은 흰 빵을 빻으십시오. 장어와 세이지를 함께 다집니다. 이렇게 만든 소를 장어 껍질 속에 채워 넣은 다음 구우십시오. 그리고 소를 채워 구운 장어의 몸통을 머리와 연결하십시오. 반죽을 얇게 밀어놓고, 달걀지단을 부치십시오. 반죽과 지단으로 장어를 감싸 석쇠에 굽습니다. 그리고 식탁에 냅니다.

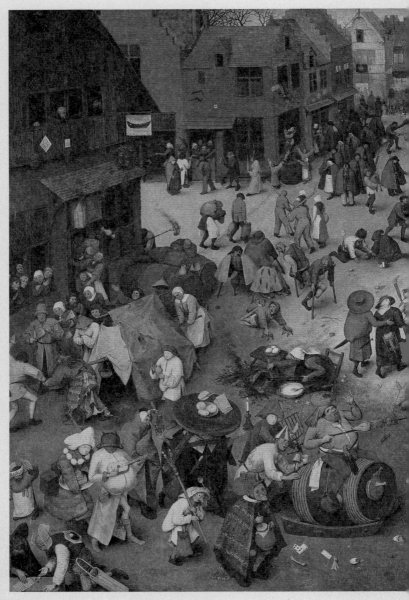

피터르 브뤼헐, 육식일과 금식일의 싸움, 1559년경, 나무 위에 유채, 118×164.4cm,
빈 미술사 박물관, 빈.

그림 하단 중앙에서 육식일의 알레고리와 금식일의 알레고리가 싸우고 있다. 까마귀를 넣어 구운 파스테테로 무장하고 새끼돼지 구이와 그 밖의 육가공품을 꽂은 꼬챙이를 든 뚱뚱한 남성이 바로 육식일을 상징한다. 반대편에는 벌통으로 무장하고 이마에 십자가 표식을 새긴, 늙은 성직자처럼 생긴 금식일은 자루가 긴 오븐용 삽(청어가 얹어져 있다)을 무기 삼아 육식일을 공격하고 있다. 그 밖에도 와플을 굽는 모습이나 와플을 얼굴 양옆에 붙이고 주사위 놀이를 하는 모습(왼쪽 하단) 등 다채롭고 흥미로운 당시의 음식문화를 엿볼 수 있다.

11월, 《베리 공작의 매우 호화로운 기도서》, 15세기, 콩데 미술관, 샹티이.

기도서 안에 포함된 달력의 세밀화 중 하나다. 달력 그림에는 당시 일반적으로 행하여지던 농촌 작업 활동이 담겨 있는데, 11월 달력에는 농민들이 돼지를 치는 장면이 그려져 있다.

1월, 《그리마니의 성무일과 기도서》, 1510년경, 국립 마르챠나 도서관, 베네치아.

16세기에 제작된 기도서에 삽입된 세밀화로, 1월의 풍경이다. 당시 플랑드르 지방의 농가 풍경을 사실적으로 묘사하고 있다.

성 고데레바 전설의 마이스터, 성 고데레바의 생애와 기적,
나무에 유채, 125.1×160.7cm, 메트로폴리탄 미술관, 뉴욕.

베리 공작의 연회, 《베리 공작의 매우 호화로운 기도서》, 15세기, 콩데 미술관, 샹티이.

연회를 주최한 베리 공작은 화려하게 장식된 푸른 옷을 입고 식탁 중앙에 앉아 있다. 그의 주변에는
'트랑쇠르trancheur'라 불리는 고기 써는 사람을 비롯해 여러 시종들이 시중을 들고 있다.
공작 왼쪽(그림 오른쪽 중앙)에 놓인 배 모양의 화려한 황금 소금그릇이 눈에 띈다.

38 슈톡피시 요리

슈톡피시 한 마리를 준비하십시오. 슈톡피시가 바짝 마르지 않고 촉촉한 상태가 되려면, 껍질을 벗겨 차가운 물에 하룻밤 담가 부드럽게 만듭니다. 꾹 눌러 식초에 완전히 잠기도록 합니다. 슈톡피시 두 마리를 길이로 포갠 다음 묶어주십시오. 그리고 나무 석쇠 위에 올려놓으십시오. 따뜻하게 데워지면 소금을 뿌리고 버터도 발라줍니다. 꿀과 달걀을 넣어 반죽을 만드십시오. 여기에 후추, 사프란, 적당량의 소금을 빻아 넣어줍니다. 생선이 완전히 뜨거워지면 반죽을 만들어 통통 두드려주십시오. 아래에 강한 불을 피워 붉게 달아오르도록 만드십시오. 그런 다음 생선이 붉어질 때까지 놔두십시오. 그리고 생선을 빨리 불에서 내리십시오. 여기에 단단한 버터를 뿌려 식탁에 냅니다.

1 아몬드 손질 방법을 설명하고 있다.

2 계량컵 대신 사용하였다.

아몬드를 준비하십시오. 물에 데쳐 껍질을 벗기십시오. 그리고 찬물에 담그십시오.[1] 상한 것을 골라낸 다음 상태가 좋은 것만 골라 절구에 넣고 빻으십시오. 기름기가 보이기 시작하면 찬물을 뿌려 더 힘차게 갈아주십시오. 이렇게 간 아몬드에 같은 양의 찬물을 붓고 잘 섞어 걸쭉하게 만듭니다. 이를 질 좋은 천에 걸러 짭니다. 걸러서 나온 찌꺼기를 다시 절구에 넣어 갈아주십시오. 이를 다시 천에 눌러 짭니다. 이 모든 것을 팬에 쏟아 부으십시오. 불 위에 올립니다. 그런 다음 와인을 달걀껍데기[2]에 가득 따라 팬에 붓습니다. 이를 잘 저어주면서 끓이십시오. 천으로 된 주머니를 하나 준비합니다. 그 속에 짚을 깔아주십시오. 여기에 끓인 (아몬드)우유를 부으십시오. 주머니에서 우유가 흘러넘칠 때까지 부어야 합니다. 이렇게 해서 주머니 속에 남은 것으로 치즈를 만듭니다. 버터를 만들고자 한다면, 여기에 사프란을 조금 넣고 끓이십시오. 그런 다음 완성된 버터 또는 치즈를 식탁에 냅니다.

닭의 위와 간을 준비하십시오. 숭덩숭덩 썬 다음 다시 얇고 고르게 썰어 돼지기름에 볶아주십시오. 달걀을 풀어주십시오. 여기에 후추와 캐러웨이를 넣습니다. 소금도 뿌립니다. 팬을 뜨겁게 달군 다음 기름칠을 합니다. 케이크를 만들 때와 마찬가지 방법으로 구우려고 합니다. 달군 팬에 달걀을 깨어 넣고 간도 넣은 다음 잘 저으십시오. 이렇게 하면 부드러운 질감이 유지됩니다. 자, 그럼 팬을 내려놓으십시오. 모양을 보기 좋게 잡으십시오. 그런 다음 다시 불 위에 올리고 기름을 칠합니다. 나머지 무스를 모두 팬에 부은 다음 잘 눌러주십시오. 이렇게 하면 한 덩어리가 됩니다. 그대로 익히십시오. 완전히 다 구워지면 식탁에 냅니다. 이렇게 만든 케이크를 '락시스'라고 부릅니다. 잘게 자른 어린 닭이나 양고기로도 만들 수 있습니다.

1 이 책 '33. 또 다른 콘디멘트', '48. 콘디멘틀린' 참조.

2 다른 것을 넣으라는 뜻인지 민트를 충분히 넣으라는 뜻인지 정확하지 않다.

요리 재현	페퍼민트 소스
난이도	●●●●○
재료	셜롯 6개
4인분	버터 10그램
	페퍼민트 1묶음
	진한 쇠고기 육수 1/5리터
	와인식초 3큰술
	꿀 3큰술
	우유식빵 1쪽

만드는 방법   페퍼민트를 씻어 물기를 뺀 다음 잘게 다진다. 마찬가지로 셜롯도 껍질을 까서 씻고 물기를 뺀 다음 곱게 다진다. 버터를 녹인 팬에 다진 셜롯을 넣어 투명해질 때까지 볶는다. 여기에 육수를 붓고, 우유식빵을 잘게 뜯어 넣는다. 식초, 꿀도 넣는다. 한소끔 끓인 뒤 매우 고운체에 거른다. 걸러낸 소스에 다진 페퍼민트를 넣는다. 최소한 한 시간 정도 맛이 들게 놔둔다.

◆ 모든 붉은살 고기 요리에 잘 어울린다.

도축한 지 얼마 안 된 쇠고기를 준비하십시오. 걸쭉하게 끓여 졸입니다. 소금을 충분히 넣습니다. 셜롯을 준비하십시오 그리고 여기에 민트를 넣습니다. 허브도 충분히 넣습니다.[2] 덮은 뚜껑이 덜컹거릴 때까지 잘 끓여 국물을 냅니다. 그리고 원하는 대로 간을 맞춰 식탁에 냅니다.

거위, 오리의 알.

42 거위 요리

거위 한 마리를 준비하십시오. 늙지 않은 거위가 좋습니다. 내장을 꺼낸 다음, 일단 날개를 자르고 다리도 자르십시오. 흙으로 빚은 냄비에 넣습니다. 거위가 꽉 끼게 넣습니다. 그 위에 물을 부으십시오. 거위가 완전히 물에 잠기도록 합니다. 이것을 삼발이 위에 올려놓으십시오. 삼발이 아래에 불을 땝니다. 증기가 빠져나오지 않도록 냄비 뚜껑을 덮으십시오. 내장을 따로 끓이십시오. 그리고 거위에 소금 간을 하십시오. 그러고 나서 거위를 소금물에 끓이십시오. 이때 물이 완전히 없어질 때까지 끓여야 합니다. 제대로 끓었으면 달콤한 우유와 달걀노른자 여섯 개를 준비하십시오. 마늘은 알이 굵은 것 두 쪽을 준비해 껍질을 벗기십시오. 그런 다음 소금을 조금 넣고 빻아주십시오. 여기에 우유를 적당히 붓고 달걀노른자도 넣으십시오. 사프란도 넣어주십시오. 이렇게 준비한 양념을 끓여서 거위 위에 부은 다음 끓입니다. 그리고 식탁에 냅니다.

43 똑똑한 음식

똑똑한 음식을 만들고자 하십니까. 달걀을 풀어 넣은 하얗고 고운 밀가루로 얇은 반죽을 만드십시오. 이렇게 만든 반죽으로 두툼하고 질 좋은 흰 빵을 만들어 갈아주십시오. 신맛 나는 사과는 껍질을 벗겨 큼직하게 썰어놓습니다. 사과 두께는 닭의 지방층보다 두꺼워야 합니다. 썰어놓은 사과를 앞서 준비한 것에 섞어 넣으십시오. 숟가락을 준비하십시오. 준비해 놓은 소를 숟가락으로 퍼서 반죽 안에 채워 넣으십시오. 그런 다음 돼지기름에 구우십시오. 육식일이 아닌 날에는 버터에 굽습니다. 그리고 식탁에 냅니다.

1 오늘날의 크라펜^{Krapfen}은 효모를 넣은 반죽을 동그랗게 빚어 충분한 양의 기름에 지진 것을 일컫는다. 그중 잘 알려진 베를리너 판쿠흔^{Berliner Pfankuchen}은 달콤한 것을 채워 넣은 도넛의 한 종류다. 그러나 크라펜의 가장 오래된 원형은 동그란 모양이 아닌 꺾쇠 모양이었다. 19세기에 그림 형제가 집필한 《독일어 사전 Deutsche Wörterbuch》에 따르면 크라펜은 '단단하게 구운'이라는 뜻을 지니고 있으며, 금식일에 먹을 수 있는 축제 음식 중 하나였다. 시간이 흐르면서 인기가 높아진 크라펜은 사순절 기간의 대표적인 음식 중 하나로 자리 잡게 되었다. 이 책에는 크라펜 반죽에 대한 언급은 없고 오로지 안에 채워 넣는 소에 집중하고 있다. 이 책 '[58].–[61]. 크라펜' 참조.

2 금식일에는 버터에 굽고 육식일에는 돼지기름에 구우라는 뜻이다.

치즈를 갈아주십시오. 달걀도 적당량 준비합니다. 돼지비계를 삶아 잘게 썰어주십시오. 하얗고 탄력 있는 반죽을 만드십시오. 반죽에 치즈와 달걀을 채워 넣어 크라펜[1]을 만듭니다. 이렇게 준비한 것은 시기에 따라[2] 버터나 돼지기름에 지집니다. 그리고 따뜻하게 식탁에 냅니다.

삶은 완두콩을 준비하십시오. 준비한 완두콩을 으깨서 체에 걸러줍니다. 달걀은 끈적거릴 만큼, 완두콩보다 많은 양을 풀어 넣어야 합니다. 그런 다음 버터에 넣고 끓이되 너무 기름지지 않도록 합니다. 이렇게 끓인 것을 식히십시오. 절구에 넣어 썰어줍니다. 이를 꼬챙이에 꽂아 잘 굽습니다. 허브를 넣은 달걀을 입혀 식탁에 냅니다.

Astipicium

Frixi, cocti in aceto

Taret

Sachne

Vrbien

여러 가지 생선 요리.

신선한 강꼬치고기를 한 마리 준비하십시오. 준비한 강꼬치고기의 껍질을 벗겨주십시오. 물에 끓여 잘 익힙니다. 그리고 가시를 제거하십시오. 허브를 준비합니다. 허브와 생선살을 함께 빻아주십시오. 여기에 날달걀과 사프란도 넣습니다. 그리고 (미리 벗겨놓았던) 강꼬치고기 껍질 속에 다시 채워 넣으십시오. 그런 다음 껍질이 살짝 익을 정도로 굽습니다. 그리고 식탁에 냅니다.

신선한 아몬드를 준비한 다음 부드럽게 만드십시오. 그리고 조나 기장처럼 낱알이 작은 곡물을 거칠게 빻은 것과 삶은 달걀, 잘 구운 빵 조금, 허브를 준비하십시오. 이 모든 것을 함께 갈아주십시오. 점도는 취향대로 맞추십시오. 이렇게 준비한 것을 팬에 붓고 걸쭉해질 때까지 끓이십시오. 여기에 사프란을 넣어 노랗게 색을 냅니다. 버터도 넣어 기름지게 합니다. 이를 차갑게 식히십시오. 식고 나면 한 입 크기로 자릅니다. 조각마다 꼬챙이를 꽂아 구우십시오. 여기에 달걀과 질 좋은 허브를 섞어 끼웠습니다. 이렇게 만든 요리를 구운 우유[1]와 함께 식탁에 냅니다.

1 이 책 '33. 또 다른 콘디멘트', '41. 콘디멘텔린' 참조.

2 로마 시대의 저술가 콜루멜라는 그의 저서 《데 레 루스티카De re rustica》에, 그리고 비슷한 시기의 미식가로 알려진 아피키우스 또한 자신의 저서 《데 레 코퀴나리아》에 오늘날 우리가 단순히 겨자라고 부르며 쉽게 구입할 수 있는 병에 든 겨자소스를 만드는 방법을 소개하고 있다. 겨자는 소아시아에서 그리스를 통해 로마로 들어왔다. 또 그 겨자를 알프스를 넘어 독일 지역으로 전해준 것은 로마인들이었다. 그 이후 독일 지역에서 발견된 겨자에 대한 최초의 기록은 795년 카를 대제의 문서이다. 이 문서에는 겨자를 정원에서 기르는 데 그치지 않고 경작을 하였다는 내용이 담겨 있다. 겨자가 전해진 초기에 사람들이 이 식물을 일반적인 식물이 아닌 영험한 식물로 여겼다는 기록이 여기저기에서 발견된다. 그중 한 예로 로마의 플리니우스는 흰겨자잎 세 장을 왼손으로 따다가 꿀물에 넣어 마시면 정욕을 불러일으킬 수 있다고 전한다. 중세 유럽에서는 특히 검은 겨자를 외용약으로 사용하였으며, 강력한 혈액 순환 작용과 진통 작용뿐만 아니라 염증을 가라앉히는 효과가 있다고 믿었다.

3 쥘체에 관한 설명은 이 책 '[96]. 훌륭한 요리' 참조.

4 콤포지툼은 이 책에서 다양하게 언급되고 있는 '무스'와 동일한 개념으로 사용되고 있다.

캐러웨이, 아니스, 후추, 식초, 꿀을 한데 넣고 빻습니다. 여기에 사프란을 넣어 금빛을 냅니다. 겨자[2]도 넣으십시오. 이렇게 만든 양념으로 파슬리 쥘체[3]를 만들 수 있습니다. 서양배와 작은 과일로 만든 콤포지툼[4]이나 비트 같은 것들로도 만들 수 있습니다.

1 이 책 '2. 사슴 간 요리' 참조.

2 생강은 수입된 역사가 오래된 향신료 중 하나로 주로 단맛이 나는 음식에 사용되었다. 생강은 중세인들에게 인기가 매우 높은 향신료 중 하나였는데, 전 유럽을 공포에 떨게 만들었던 페스트에 효과가 좋다고 알려졌기 때문이다. 대부분의 생강은 말린 채로 유통되었지만, 신선한 생강도 구할 수 있었다.

3 마늘이 정확히 언제 유럽 대륙에 전해졌는지는 알 수 없으나 이미 고대부터 치료 목적으로 사용되어왔다. 또, 헤로도토스는 이집트의 파라오 쿠프의 피라미드 건설 노동자들이 마늘을 섭취하였다고 전한다. 독일 지역에 마늘이 유입된 것은 고대 로마인들의 영향이라는 설이 유력하다. 그러나 이를 뒷받침할 만한 고고학적인 발견은 아직까지 없다. 중세 독일인들은 마늘을 음식 재료로 사용하기보다는 주로 치료 목적이나 주술적인 목적으로 사용하였다.

4 이 책에는 이름이 붙은 요리가 몇 가지 있다. '슈발렌베르크'가 이 소스를 발명한 집안의 이름인지 아니면 요리사의 이름인지는 알려진 바가 없다. 중세에 쓰인 '슈발렌베르크 소스'의 조리법은 이 책과 더불어 뮌헨의 필사본 두 곳에서만 발견되고 있다.

와인과 꿀의 거품[1]을 준비하십시오. 불 위에 올려 끓이십시
오. 여기에 생강[2]을 빻아서 넣어주십시오. 후추를 빻아서 넣으
십시오. 마늘[3]도 빻아서 넣으십시오. 단, 이 모든 재료를 너무
많이 넣지는 마십시오. 소스를 걸쭉하고 진하게 만듭니다. 여
기에 달걀을 풀어 넣고 막대기로 저으면서 갈색이 돌 때까지
끓이십시오. 사람들은 이 소스를 추운 날씨에 먹습니다. 이것
을 '슈발렌베르크 소스'[4]라고 부릅니다.

1 '그리스식 닭'과 마찬가지로 '라인가우식 닭'은 팬케이크 형태로 조리된다. 팬케이크와 팬케이크 사이에 닭고기와 달콤한 와인소스를 채워 만든다.

2 여기서 '밀빵'이라 옮긴 것은 밀가루 반죽으로 만든 빵을 의미한다. 굳이 '밀빵'이라 표기한 이유는 이 책이 쓰인 시대에는 밀가루를 비롯하여 여러 곡물로 빵을 구웠기 때문이기도 하지만, 특히 정제된 밀가루로 만든 빵과 구별하기 위해서였다. 원전에 사용된 단어는 semelnbrot인데, 여기서 semel은 밀가루를 가리킨다.

3 빵을 주재료로 만든 무스를 오늘날에는 '브로트주페Brotsuppe'라고 부른다. 브로트주페는 '빵 수프'라는 뜻이다.

4 원전에는 양념을 갈아 넣으라고 설명하고 있으나 어떤 재료를 사용하는지에 대한 언급은 없다.

닭을 구우려 합니다. 먼저 밀빵[2]을 납작하게 썬 다음, 겉면을 둘러싸고 있는 딱딱한 껍데기를 잘라내십시오. 이를 붉은색이 돌 때까지 돼지기름에 구우십시오. 그런 다음 빵 무스[3]를 만들 때처럼 조금 더 잘게 자르십시오. 닭은 부위별로 손질하여 자르십시오. 서양배 여섯 개를 굽습니다. 와인과 꿀을 넣어 양념을 만드십시오. 여기에 다른 것들을 갈아 넣으십시오.[4] 후추와 아니스도 넣습니다. 그리고 달걀 다섯 개로 지단을 부치십시오. 달걀을 풀어서 팬에 부칩니다. 그 위에 먼저 준비해놓은 (닭고기, 빵, 구운 서양배)를 올리고, 그 위에 다시 달걀지단을 올린 다음 대접으로 팬을 덮으십시오. 그러고 나서 팬을 뒤집어 대접이 아래로 가게 합니다. 위에서 아래로 자르십시오. 그리고 앞서 만들어놓은 양념을 붓습니다. 단, 지단으로 만든 음식 위에는 붓지 마십시오. 이렇게 만든 요리를 '라인가우식 닭'이라고 부릅니다. 그리고 식탁에 냅니다.

1 이 책 '10. 서양배 요리' 참조

2 이 책 '33. 또 다른 콘디멘트', '41. 콘디멘텔린', '48. 콘디멘틀린'
   참조.

　돼지비계를 채운 닭구이는 이렇게 만듭니다. 아르메 리터[1]
를 자르십시오. 그리고 돼지기름에 지지되 수분이 너무 빠져
나가지 않도록 합니다. 그리고 신맛이 나는 사과의 껍질을 벗
긴 다음 얇고 넓적하게 썰어주십시오. 사과 씨는 제거해야 합
니다. 사과를 돼지기름에 살짝 지집니다. 그런 다음 커다란 달
걀지단을 부치십시오. 준비한 재료를 전부 팬 위에 놓인 (달걀
지단)에 올려놓으십시오. 양념을 뿌립니다. 이때 맨 아래층에
는 사과를 깔아야 합니다. 그 위에 아르메 리터를 올리고, 또
그 위에 닭고기를 올립니다. 닭고기는 작게 썰어야 합니다. 층
마다 양념을 조금씩 해주십시오. 그리고 와인과 꿀과 다른 양
념으로 콘디멘트[2]를 만드십시오. 너무 뜨거우면 안 됩니다. 자,
그럼 층을 모두 만들어 완성하십시오. 대접으로 덮은 다음 팬
이 위로 올라오도록 뒤집습니다. 맨 위층에 '창문'을 냅니다. 거
기에 양념을 부어주십시오. 그리고 식탁에 냅니다. 이 요리를
'그리스식 닭'이라고 부릅니다.

[52] 훌륭하고 풍성한 요리

훌륭한 요리를 만들고자 한다면, 파슬리와 세이지를 다지십시오. 둘 다 충분히 준비하십시오. 그러고 나서 버터에 볶습니다. 달걀도 풀어 살짝 볶아주십시오. 준비한 것을 한데 섞어주십시오. 여기에 치즈와 빵을 갈아서 넣습니다. 그리고 버터를 녹여 달걀지단을 부치십시오. 준비해놓은 재료 위에 달걀지단을 (팬 통째로) 뒤집어 엎어 쏟아 부으십시오. 불 위에 올려 굽습니다. 이것은 검게 그을린 케이크입니다.

1 [53]과 [54]는 실제 요리가 아니라 이 책의 1부를 끝맺는 일종의 우스갯거리로 삽입한 조리법으로 보인다.

2 원전에 표기되어 있는 sticheling은 18세기 독일어-라틴어 사전에 따르면 큰가시고기과 Gasterosteidae에 속하는 물고기의 일종이라고 하나, 명금류로 분류되는 노래하는 새 중 하나일 가능성도 있다.

그럼, 마지막으로 자그마한 별미를 하나 준비하였습니다. 이 것은 스티헬링[2]의 위장, 깔따구의 다리, 푸른머리되새의 혀, 박새의 다리, 개구리의 식도로 만든 요리입니다. 자, 이제 당신은 근심 걱정 없이 오래 살 수 있습니다.

1 원전의 sydeln은 작은 Seildel, 다시 말해서 홈펜^{Humpen}을 뜻하는 것으로 보인다. 홈펜은 맥주잔을 일컫는다. 홈펜은 일반적으로 손잡이가 달려 있으며, 몸통은 원통형이거나 위로 갈수록 좁아지는 원뿔형이다. 엄지손가락으로 눌러 열 수 있는 뚜껑이 달려 있는 것도 있다. 오늘날 사용하는 홈펜은 대부분 유리나 석기로 제작되지만 은, 주석, 도자기 등으로 만들어지기도 한다. 또한 홈펜은 오랫동안 부피를 측정하는 용기로 사용됐다. 역사적으로 그리고 지역적으로 다소 차이가 있지만 대략 1리터 용적의 홈펜에 들어가는 부피 단위를 1비어멩이라고 불렀다.

홈펜.

2 러비지^{Levisticum officinale}는 고대부터 사용해온 약초로, 약재로서 가치가 높았다. 러비지는 그리스어에 뿌리를 둔 '판아케스^{Panakes}'라는 별명으로 불리기도 했는데, 이는 '만병통치약'이라는 뜻이다. 러비지는 모양새도 그렇지만 맛도 셀러리와 비슷하다. 신선한 잎을 그대로 요리에 사용하며, 씨와 뿌리를 양념으로 사용하기도 한다.

[54] 먹기 좋아하는 사람을 위한 맛 좋은 음식

훌륭한 곁들임 음식을 만들고자 하십니까.

그렇다면 홈펜[1] 가득 땀을 준비하십시오.

그것은 위를 완전히 뜨겁게 데워줍니다.

그리고 조약돌 기름을 준비하십시오.

골반이 마비된 젊은 처자에게 좋습니다.

그리고 산딸기와 딸기를 준비하십시오.

이들은 최고입니다.

그대 혹시 감각이 둔하시다면

초록색 포도잎을 준비하십시오.

골풀도 준비하셔야만 합니다.

러비지[2]와 민트

이들은 좋은 양념입니다.

크게 터지는 방귀에 말입니다.

오색방울새의 뒷발목뼈, 깔따구의 다리를 준비하십시오.

이들은 모든 달콤한 음식을 근사하게 만듭니다.

훌륭합니다 그리고 행복합니다.

맛있는 깜찍한 요리 한 접시.

오! 너무 짜면 안 됩니다.

왜냐하면 이것은 훌륭한 요리니까요!

1 이 책의 1부가 끝났음을 알리는 문구라고 할 수 있다. 번호는 이
   어져 있지만 55부터 새로이 2부가 시작되고 있다.

훌륭한 음식을 설명한 좋은 교본이었습니다.[1]

제2부

1 퍼치^{Perch}는 페르카과^{Percidae}에 속한 육식성 물고기로, 해수와 담
수에 모두 서식한다. 이 책에 언급된 퍼치는 담수성 퍼치$^{Perca\,fluvia-}$
^{tilis}로 보인다. 퍼치는 비늘이 많고 날카로운 지느러미를 가진 물
고기로, 육질은 희고 탄력이 있으며 맛이 좋다고 알려져 있다.

[55]　훌륭한 무스를 만들고자 하십니까

구운 생선 무스. 퍼치[1] 한 마리를 준비한 다음 식초에 재우십시오. 그런 다음 아몬드로 만든 우유를 붓습니다. 여기에 쌀가루를 적당량 넣습니다. 돼지기름도 조금 넣어주십시오. 잘 섞어줍니다. 그런 다음 끓입니다. 이렇게 만든 음식은 맛이 꽤 좋습니다. 소금 간은 너무 짜지 않게 합니다.

1 이 책에서는 완성된 모양이 납작한 음식을 거의 모두 '플라덴$^{fla-}$ ^{den}'이라고 부르고 있다. 케이크나 빵을 비롯하여 식후에 먹는 후식도 납작한 모양이기만 하면 전부 플라덴이다.

2 음식 재료를 고를 수 있도록 조언하는 것이다.

[56] 플라덴[1]

생선 플라덴은 어떤 생선으로 만드는지 알아두십시오.[2] 강꼬치고기나 퍼치 둘 중 하나를 걸쭉한 아몬드우유에 넣습니다. 쌀가루도 적당량 넣습니다. 그리고 사과 하나를 주사위 모양으로 썰어 넣으십시오. 돼지기름도 조금 넣습니다. 얇고 넓게 밀어놓은 반죽 위에 양념을 뿌려주십시오. 그런 다음 오븐에 넣어 구우십시오.

[57] 플라덴

금식일에 먹을 플라덴을 만들고자 한다면, 일단 생선을 준비하십시오. 준비한 생선을 돼지기름에 굽습니다. 여기에 걸쭉한 아몬드우유를 넉넉하게 부으십시오. 쌀가루도 적당량 넣은 다음 잘 섞이도록 저어주십시오. 돼지기름도 조금 넣습니다. 그리고 나서 양념을 만들어 넣고 잘 섞으십시오. 이렇게 만든 것을 얇게 편 반죽 위에 놓은 다음 구우십시오. 소금 간은 너무 짜지 않게 합니다.

특정한 견과류를 지칭하지는 않았지만 당시 가장 빈번하게 사용
된 것은 헤이즐넛이다.

요리 재현   크라펜 반죽

난이도   ●●●●○

재료   와인 3큰술

4인분   꿀 2큰술

밀가루 300그램

달걀노른자 6개

달걀흰자 1개

버터 70그램

생크림 3큰술

소금

만드는 방법 준비한 와인에 꿀을 넣고 끓인다. 대접에 밀가루, 버터,
소금, 생크림, 앞서 꿀을 넣어 끓인 와인의 절반을 넣고
잘 섞는다. 다른 대접에는 달걀노른자, 나머지 와인을
넣어 잘 섞은 다음 만들어놓은 반죽에 붓는다. 탄력이
생기도록 반죽을 치대어 밀대로 얇게 민다. 이렇게 얇
게 민 반죽을 가로세로 10센티미터 크기로 자른다. 또
는 비슷한 크기의 컵으로 눌러 원 형태로 잘라도 좋다.

강꼬치고기로 금식일 크라펜을 만들고자 한다면, 질 좋은 아몬드우유를 준비하십시오. 그리고 강꼬치고기보다 많은 양의 사과를 준비하십시오. 사과는 썰어서 아몬드우유에 넣습니다. 쌀가루도 조금 넣으십시오. 이렇게 하면 속을 제대로 채운 훌륭한 크라펜을 만들 수 있습니다.

금식일 크라펜을 만들고자 하십니까. 그렇다면 일단 견과[1]를 준비하십시오. 준비한 견과를 절구에 넣어 빻으십시오. 그리고 사과를 많이 준비하십시오. 사과는 주사위 모양으로 썰으십시오. 여기에 넣고 싶은 양념을 넣고 잘 섞으십시오. 이를 크라펜에 채워 넣으십시오. 지집니다. 이렇게 만든 크라펜은 정말 훌륭한 속을 채운 요리입니다. 너무 짜지 않게 소금 간을 합니다.

요리 재현	치즈, 달걀, 슈펙으로 속을 채운 크라펜
난이도	●●●●○

재료	갈아놓은 치즈 100그램
4인분	소금기를 뺀 슈펙 125그램
	달걀 1개
	라드 또는 버터 100그램
	후추

만드는 방법 슈펙을 아주 잘게 깍둑썬다. 치즈, 달걀, 슈펙을 잘 섞은 다음 후추를 넣는다. 준비해놓은 반죽을 얇게 밀어 가로세로 10센티미터 크기의 정사각형으로 자른다. 반죽 가운데에 소를 올리고 세모나게 접어 가장자리를 포크로 눌러 붙인다. 라드나 버터를 녹인 팬에 크라펜을 익을 때까지 잘 지진다.

자, 이제 금식일 크라펜을 만들고자 하십니까. 그렇다면 포
도알을 준비하십시오. 사과는 포도알보다 많이 준비하십시오.
준비한 사과를 잘게 빻으십시오. 그런 다음 양념을 합니다. 이
렇게 준비한 소를 크라펜 안에 채우십시오. 그러고 나서 지집
니다. 이렇게 만든 크라펜은 정말 훌륭하고 풍부한 음식입니
다. 너무 짜지 않게 소금 간을 합니다.

자, 이제 견과류를 통으로 넣은 금식일 크라펜을 만들고자
하십니까. 그렇다면 먼저 사과를 많이 준비하십시오. 주사위
모양으로 썰어주십시오. 준비해놓은 견과류만 한 크기로 써는
것이 좋습니다. 꿀을 조금 넣고 적당량의 양념을 넣어 섞은 뒤
에 볶으십시오. 이것을 얇게 민 반죽 위에 올리고 모양을 잡아
크라펜을 만드십시오. 그러고 나서 지집니다. 너무 짜지 않게
소금 간을 합니다.

요리 재현	예루살렘
난이도	●●●●○
재료	퍼치 필레 600그램
4인분	아몬드우유 150그램
	물 또는 물을 섞은 와인 1/2리터
	설탕 3큰술

만드는 방법 준비한 퍼치 필레를 깨끗이 씻은 다음 키친타월로 물기를 제거한다. 냄비에 아몬드우유를 붓고 생선을 넣어 20분 정도 끓인다. 설탕을 넣어 맛을 낸 후 따뜻한 채로 식탁에 낸다.

◆레몬즙, 아마레토(아몬드 향을 지닌 리큐어) 또는 아몬드 아로마를 넣어주면 풍미가 좋아진다.

◆입맛에 맞게 소금 간을 한다.

자, 이제 훌륭한 금식일 무스를 만들고자 하십니까. 그렇다면 일단 퍼치를 준비하십시오. 걸쭉한 아몬드우유를 부어주십시오. 그리고 아몬드우유와 퍼치를 함께 끓이십시오. 여기에 설탕을 넣습니다. 이렇게 만든 무스를 '예루살렘'이라고 부릅니다. 이것은 차갑게 또는 따뜻하게 먹습니다.

1 완두콩 요리라고 이름 붙여져 있지만, 완두콩이 들어가지 않는다.

요리 재현	아몬드를 넣은 완두콩 요리
난이도	●●●○○
재료	아몬드가루 100그램
4인분	꿀 50그램
	완두콩 200그램
	계피가루 한 꼬집
	생강가루 한 꼬집
	육두구가루 한 꼬집
만드는 방법	깨끗하게 씻은 완두콩을 물에 삶는다. 완두콩을 삶는 동안 다른 모든 재료를 한데 섞어놓는다. 완두콩이 다 익었으면, 물을 따라 버리고 준비해놓은 양념을 넣어 잘 섞는다. 따뜻하게 또는 차갑게 식탁에 낸다.

[63] 이교도식 완두콩 요리[1]

보헤미아식 완두콩 요리를 만들고자 하십니까. 그렇다면 아몬드를 준비하십시오. 준비한 아몬드를 잘게 부숩니다. 그리고 아몬드 양의 1/3보다 많은 양의 꿀을 넣고 잘 섞어주십시오. 질 좋은 양념도 넣고 잘 섞어줍니다. 이렇게 하면 어디에 내놓아도 훌륭한 최고의 완두콩 요리가 만들어집니다. 이 음식은 차게 또는 따뜻하게 먹습니다.

1 지중해 지역이 원산지로 알려진 리크는 대파와 비슷하게 생긴 채소로 고대부터 약재나 요리에 사용되었으며 그 품종도 여러 가지였던 것으로 알려져 있다. 오늘날의 리크*Allium ampeloprasum*는 재배 품종으로 중세의 리크와 다른 품종이다.

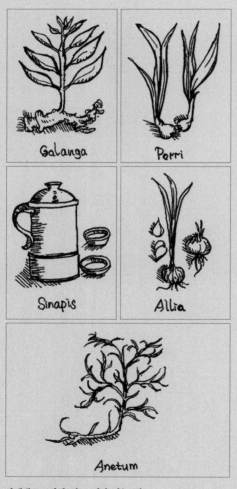

차례대로 고량강, 리크, 겨자, 마늘, 딜.

[64]   리크로 만든 무스

리크[1]로 만든 무스. 리크의 하얀 부분만 준비하십시오. 잘게 다지십시오. 여기에 질 좋은 아몬드우유를 부어 섞으십시오. 쌀가루도 넣습니다. 그런 다음 잘 끓입니다. 너무 짜지 않게 소금 간을 합니다.

1　이 책 '50. 구이 요리' 각주 2번 참조.

[65]   차가운 쌀 요리

차가운 쌀 요리를 굽습니다. 달걀을 풀어 얇게 부쳐 잘게 썰어주십시오. 그런 다음 달게 만든 우유에 넣으십시오. 그리고 밀빵을 준비하십시오. 준비한 빵을 주사위 모양으로 썰어 앞서 만든 것에 넣습니다. 달걀노른자도 넣어 섞습니다. 그런 다음 잘 끓입니다. 돼지기름을 넣습니다. 너무 짜지 않게 소금 간을 합니다.

[66]   차가운 쌀 요리

또 다른 쌀 요리가 있습니다. 달걀을 준비하십시오. 그리고 달걀을 풀어 밀빵용 밀가루[1]를 섞은 다음 우유에 부어 잘 풀어줍니다. 그런 다음 다 끓을 때까지 충분히 저어줍니다. 그리고 다시 달걀노른자를 풀어 섞어주십시오. 돼지기름을 넣습니다. 그리고 식탁에 냅니다.

쌀과 렌틸콩.

[67] 또 다른 차가운 쌀 요리

또 다른 쌀 요리가 있습니다. 달걀을 넣어 구운 얇은 케이크를 준비하십시오. 이를 주사위 모양으로 썰어주십시오. 밀빵도 충분히 주사위 모양으로 썰어주십시오. 그런 다음 썰어놓은 케이크와 밀빵을 우유에 넣으십시오. 그리고 사과 하나를 준비하십시오. 사과도 주사위 모양으로 썰어 넣습니다. 그런다음 달걀노른자를 넣고 저어주십시오. 이렇게 준비한 재료를 잘 끓입니다. 그리고 식탁에 냅니다.

1 마르멜로에 대해서는 이 책 '12. 풍성하고 훌륭한 요리' 각주 2번
   참조.

[68]　　　　　　　　　　　마르멜로 무스

　마르멜로[1] 무스를 만들고자 하십니까. 그렇다면 원하는 만큼 마르멜로를 준비하십시오. 푹 익히십시오. 절구를 준비하십시오. 익힌 마르멜로를 절구에 넣고 곱게 찧습니다. 이를 천으로 싸주십시오. 천을 눌러 짭니다. 여기에 달걀노른자를 넣고 저어주십시오. 그리고 끓이십시오. 설탕을 뿌리십시오. 너무 짜지 않게 소금 간을 합니다.

[69]　　　　　　　　　　　　사과 무스

사과 무스를 만들고자 하십니까. 그렇다면 상태가 좋은 사과를 준비하십시오. 껍질을 벗겨 자른 다음 차가운 물에 담가 놓으십시오. 이렇게 준비한 사과를 냄비에 넣고 끓이십시오. 그런 다음 여기에 와인을 붓고 돼지기름도 넣어 잘 섞으십시오. 그리고 달걀노른자와 흰자를 모두 풀어 넣어주십시오. 이렇게 만든 무스는 훌륭하고 풍부한 요리입니다. 너무 짜지 않게 소금 간을 합니다.

[70]　　　　　　　　　　　아몬드 무스

아몬드 무스를 만들고자 하십니까. 아몬드우유와 밀빵을 준비하십시오. 밀빵을 주사위 모양으로 썰어놓으십시오. 이를 아몬드우유에 넣고 끓입니다. 그런 다음 사과를 준비하십시오. 사과도 주사위 모양으로 썰어줍니다. 돼지기름에 볶아주십시오. 이를 아몬드 무스 위에 올려 식탁에 냅니다.

치즈 제조, 《건강학 해설서》, 15세기, 카사나텐세 도서관, 로마.

[**71**]   아몬드를 넣은 염소젖 치즈

아몬드를 넣은 염소젖 치즈를 만들고자 하십니까. 그렇다면 아몬드를 준비하십시오. 아몬드를 절구에 넣고 빻습니다. 아몬드우유를 끓입니다. 아몬드우유를 질 좋은 천에 쏟아 부으십시오. 그런 다음 (천) 밑에 짚을 깔아주십시오. 차갑게 식히십시오. 이를 대접에 넣어 눌러줍니다. 그리고 빻은 아몬드와 설탕을 뿌려줍니다. 그리고 식탁에 냅니다.

[**72**]   아몬드 치즈

또 다른 아몬드 치즈를 만들고자 하십니까. 그렇다면 아몬드를 준비하십시오. 아몬드를 빻아 부수십시오. 우유를 준비하십시오. 여기에 달걀을 넣고 풀어주십시오. 그런 다음 질 좋은 우유를 부어 끓이십시오. 이를 천에 쏟아 붓고 식을 때까지 그대로 놔둡니다. 식은 것을 치즈그릇에 담습니다. 꾹 눌러주십시오. 이렇게 만든 것을 접시에 담은 다음 설탕을 뿌려줍니다. 이것을 '아몬드 치즈'라고 부릅니다.

1   빵이라고 옮겼지만, 원전에는 '벡week'이라 표기되어 있다. 벡은
    지역에 따라 조금씩 다른 의미로 사용되었던 말이다. 독일 남부
    에서는 우유를 넣고 구운 빵을 의미하는 반면, 북부에서는 예부
    터 금식기간에 먹었던 밀가루, 설탕, 이스트, 우유, 소금, 버터를
    넣어 만든 빵을 의미한다. 북부의 벡은 보통 따뜻하게 먹는다.

아몬드빵[1]

아몬드빵을 만들고자 하십니까. 그렇다면 일단 준비한 아몬드를 빻아서 아몬드우유를 만드십시오. 이를 끓입니다. 그런 다음 천 위에 쏟아 부으십시오. 차갑게 식힙니다. 이것으로 버터빵을 만들어 대접에 놓고 아몬드우유를 부어가며 부숴주십시오. 설탕을 뿌려 식탁에 냅니다.

1 아몬드케이크와 무관한 내용으로, 바로 다음에 소개되는 조리
  방법 '[75]. 쌀로 만든 무스'에 속한 내용으로 보인다. 필경사가 내
  용을 옮기는 과정에서 생긴 착오로 생각된다.

아몬드케이크를 만들고자 하십니까. 그렇다면 아몬드로 질
좋은 아몬드우유를 만드십시오. 아몬드우유를 끓이십시오. 설
탕을 넣어 잘 저어줍니다. 이를 천 위에 쏟아 부으십시오. 그런
다음 밑에 짚을 깔아주십시오. 그런 다음 밀빵용 밀가루로 반
죽을 만듭니다. 밀대로 밀어주십시오. 이 위에 (앞서 준비했던)
아몬드우유를 붓습니다. 반죽을 자르십시오. 이를 돼지기름을
녹인 팬에 넣고 지집니다. 이렇게 만든 것을 '아몬드케이크'라
고 부릅니다.

잘 끓인 쌀 (요리)을 만들고자 하십니까.[1] 잘 여문 벼를 수확
합니다. 그리고 깨끗이 제대로 씻으십시오. 그리고 냄비에 안
칩니다. 그리고 소금을 너무 많이 넣지 마십시오. 그런 다음 물
이 완전히 없어질 때까지 끓이십시오. 여기에 아몬드우유를 부
어 잘 섞으십시오. 끓어오를 때까지 잠시 저어주십시오. 그런
다음 대접에 옮겨 담아 설탕을 뿌립니다. 이렇게 만든 것도 맛
이 좋습니다.

요리 재현	사과를 넣은 아몬드 푸딩
난이도	●●●○○

재료	아몬드우유 1/4리터
4인분	설탕 75그램
	쌀가루 75그램
	사과 2개
	라드 30그램

만드는 방법 사과는 껍질을 벗기고 씨를 제거한 다음 잘게 썬다. 팬에 라드를 녹이고 잘라놓은 사과를 넣어 볶는다. 냄비에 아몬드우유, 설탕, 쌀가루를 넣고 멍울이 생기지 않도록 잘 저어가면서 끓인다. 끓는 동안 계속 저어야 눌어붙지 않는다. 거의 다 끓었을 때 레몬즙과 레몬껍질을 넣는다. 다 끓고 나면 볶은 사과를 넣고 잘 저어주고 차갑게 식힌다.

◆끓일 때 아몬드 아로마나 아마레토를 조금 넣어주면 풍미가 좋아진다.

◆레몬껍질이나 레몬즙은 기호에 따라 넣는다.

[75]   쌀로 만든 무스

쌀로 무스를 만들고자 하십니까. (아몬드를) 빻아서 만든 아
몬드우유를 준비하십시오. 여기에 쌀가루를 넣고 잘 섞으십시
오. 그리고 잘 끓입니다. 그런 다음 사과 하나를 준비하십시오.
주사위 모양으로 썰어 돼지기름에 볶아주십시오. 이렇게 볶은
사과를 무스 위에 뿌리십시오. 그리고 식탁에 냅니다.

블랑망제에 대해서는 '3. 블랑망제를 만들고자 하십니까'를 참조.

요리 재현	블랑망제
난이도	●●●●○

재료 닭가슴살 6조각

4인분 아몬드우유 1.5리터

버터 또는 라드 30그램

쌀가루 30그램

설탕 80그램

만드는 방법 냄비에 아몬드우유를 붓고 닭가슴살이 익을 때까지 끓인다. 닭가슴살을 꺼내 따뜻하게 유지한다. 버터나 라드를 녹인 팬에 쌀가루를 넣고 잘 저어가면서 걸쭉하게 만든다. 여기에 닭가슴살을 끓였던 아몬드우유를 붓는다. 약불로 15~20분 정도를 끓인다. 소스를 만드는 동안 건져놓은 닭가슴살을 한 입 크기로 보기 좋게 썬 다음, 고기가 마르지 않도록 유산지를 덮어 따뜻한 곳에 놔둔다. 소스가 다 만들어지면 설탕을 넣는다. 접시에 썰어놓은 닭고기를 넣고 그 위에 소스를 부어 식탁에 낸다.

◆소스에 아몬드 아로마나 아마레토를 조금 넣어주면 풍미가 좋아진다.

[76]　　　　　　　　　　　　　블랑망제[1]

　블랑망제를 만들고자 하십니까. 걸쭉한 아몬드우유를 준비하십시오. 닭가슴살을 뜯어 아몬드우유에 넣으십시오. 쌀가루도 넣어 잘 저어줍니다. 그런 다음 돼지기름과 설탕도 충분히 넣습니다. 이렇게 블랑망제가 완성되었습니다.

1 '[78]. 제비꽃 무스'에서와 같이 색을 내는 과정이다. 제비꽃을 넣으면 푸른색이나 보라색이 돈다.

2 원전에는 번호가 따로 붙어 있지 않다. '77. 블랑망제'의 변형된 조리법을 설명하고 있어 옮긴이가 임의로 번호를 붙였다.

[77]   블랑망제

블랑망제는 뜯어낸 닭가슴살로 만듭니다. 질 좋은 아몬드
우유를 만드십시오. 일단 닭가슴살을 주무르십시오. 그런 다
음 쌀가루와 함께 아몬드우유에 넣으십시오. 제비꽃도 넣고
저어줍니다.[1] 돼지기름을 넉넉하게 넣어 푹 끓입니다. 설탕도
충분히 넣어주십시오. 이렇게 만든 것도 '블랑망제'라고 부릅
니다.

[77a][2]   [제목 없음]

걸쭉한 블랑망제는 진하고 부드러운 아몬드우유를 넣어 만
듭니다. 뜯어낸 닭가슴살을 아몬드우유에 넣으십시오. 그리고
끓이십시오. 여기에 쌀가루를 넣고 잘 저어주십시오. 달걀노른
자도 넣습니다. 돼지기름도 넉넉하게 넣습니다. 그런 다음 설탕
도 충분히 뿌려줍니다. 이렇게 만든 것을 '걸쭉한 블랑망제'라
고 부릅니다.

　　　　　　　　　　　　　제비꽃 무스

제비꽃 무스를 만들고자 하십니까. 진한 아몬드우유를 준
비하십시오. 쌀가루를 넣어주십시오. 잘 저어 풀어줍니다. 돼
지기름을 넉넉하게 넣어주십시오. 그런 다음 제비꽃을 넣어
색을 냅니다. 이렇게 하면 제비꽃 무스가 완성됩니다.

1 조리하기 전 당근을 손질하는 방법을 설명하고 있다.

2 아몬드우유를 만드는 방법을 소개하고 있다.

요리 재현 당근을 섞은 아몬드우유

난이도 ●●●○○

재료 아몬드우유 1/2리터

4인분 당근 250그램

달걀노른자 1개

제비꽃 글라세 20그램

소금

흰 후추

만드는 방법 신선한 당근을 준비한다. 깨끗이 씻어 물기를 뺀 다음, 얇게 썬다. 냄비에 아몬드우유를 붓고 끓이다가 앞서 썰어놓은 당근을 넣는다. 약불로 줄인 다음 달걀노른자를 넣고 잘 젓는다. 걸쭉해지면 제비꽃 글리세를 넣고 재빨리 저어 색이 나오면 곧바로 식탁에 낸다.

[79]　　　　　　　　　　　　　당근 무스

당근 무스를 만들고자 하십니까. 당근을 준비하십시오. 우물에서 물을 길어 와 당근을 넣고 끓이십시오. 그런 다음 양동이에 차가운 물을 붓고 당근을 문질러 씻습니다.[1] 씻은 당근을 잘게 다져 진한 아몬드우유에 넣으십시오. 아몬드우유는 와인을 섞어 잘 만든 것이라야 합니다.[2] 여기에 당근을 넣고 끓입니다. 양념을 충분히 한 다음, 제비꽃으로 색을 냅니다. 그리고 식탁에 냅니다.

1 중세 독일에서 사용하던 냄비 중에는 특별한 생김새를 가진 것이 있었다. 몸통은 단지와 비슷하게 생겼고 그 아래로 다리가 세 개 달려 있다. 경우에 따라 한쪽 또는 양쪽에 손잡이가 달린 것도 있었다. 양쪽에 손잡이가 달린 것은 주로 화덕 위에 걸이를 만들어 놓고 냄비를 불 위에 매달아 사용하기 위한 것이었다. 중세 초기에는 흙으로 빚어 구운 것이 주로 사용되었으나 후기로 갈수록 청동이나 다른 금속 재질로 만든 것을 사용하기도 했다.

차례대로 꼬치구이, 찜 요리, 팬 요리.

[80]   견과류 무스를 만들고자 하십니까

견과류 무스를 만들고자 하십니까. 그렇다면 견과류를 준비하십시오. 잘게 부숩니다. 달고 응축된 우유 같은 즙이 나오도록 천으로 싸서 눌러 짭니다. 그 즙에 (빵을 갈아 만든) 밀빵가루를 섞어주십시오. 그런 다음 청동냄비[1]에 끓입니다. 여기에 돼지기름을 충분히 넣은 다음 달걀노른자도 넣고 잘 저어줍니다. 그러고 나서 사프란으로 보기 좋게 색을 냅니다.

1   사워체리*Prunus cerasus*를 독일어권에서는 '자우어키르쉬Sauerkirsch',
    '바익젤키르쉬Weichselkirsch' 또는 줄여서 '바익젤'이라고 부른다.

[81]   서양배 무스

서양배 무스를 만들고자 하십니까. 그렇다면 배를 준비하십시오. 배를 보기 좋게 자릅니다. 그런 다음 냄비에 배를 넣고 와인을 부어 끓입니다. 돼지기름도 넣습니다. 이를 천 위에 쏟아 부으십시오. 눌러 짭니다. 그리고 달걀노른자를 넣어 끓입니다. 이렇게 하면 완벽한 서양배 무스가 만들어집니다.

[82]   사워체리[1] 무스

사워체리 무스를 만들고자 하십니까. 일단 체리 꼭지를 따십시오. 그런 다음 와인을 조금 붓고 끓입니다. 이렇게 끓인 체리를 천에 쏟아 부은 다음 눌러 짜십시오. 체리 즙과 밀빵가루를 냄비에 부으십시오. 끓어오를 때까지 끓입니다. 돼지기름을 충분히 넣어줍니다. 그런 다음 달걀노른자를 넣고 잘 저어주십시오. 양념을 뿌립니다. 자, 이제 식탁에 내볼까요.

1   이 책 '1. 콘카벨리테' 참조.

체리를 넣은 콘카벨리테[1]를 만듭니다. 체리는 사워체리가
좋습니다. 체리를 썰어주십시오. 이런 것들도 준비하셔야 합니
다: 일단 준비한 아몬드로 질 좋은 아몬드우유를 만드십시오.
체리는 와인을 붓고 끓여주십시오. 그 밖에 다른 것은 넣지 않
고 체리와 와인만으로 끓입니다. 다 끓었으면 천에 쏟아 눌러
짜십시오. 그런 다음 (짜낸 즙을) 아몬드우유에 넣습니다. 한소
끔 끓입니다. 여기에 쌀가루를 넣고 잘 저어줍니다. 돼지기름
을 충분히 넣고, 양념도 충분히 넣어주십시오. 설탕도 넣습니
다. 너무 짜지 않게 소금 간을 합니다.

1 원전의 콤포스트compost는 오늘날 콤포트Kompott와 같은 개념이
   다. 콤포스트는 과일이나 채소를 오븐이나 불 위에서 약한 불로
   은근히 조려 퓌레나 마멀레이드 같은 농도로 만든 단 음식이다.
   유통기한이 짧은 청과물을 오래 보관하기 위한 조리법이기도 하
   다.

2 물 등 다른 액체를 넣지 말라는 뜻이다.

3 수분이 흘러내리지 않을 정도로만 닦아주라는 뜻이다.

4 이 책 '14. 좋은 벌꿀술을 만들고자 하십니까'의 각주 참조.

요리 재현	체리 콤포트
난이도	●●●○○
재료	신선한 체리 500그램
4인분	꿀 6큰술
	고량강 1/2큰술
	다진 생강 1/2큰술

만드는 방법 신선한 체리를 깨끗이 씻어 씨를 제거한다. 냄비에 물
을 조금 부은 다음 손질한 체리를 넣어 끓인다. 나머지
재료—꿀, 고량강, 다진 생강을 넣어 끓인 체리를 믹서
에 넣고 곱게 간다. 취향에 따라 간을 한다.

[84]   사워체리 콤포스트[1]

사워체리 콤포스트를 만들고자 하십니까. 사워체리를 준비하십시오. 먼저 꼭지를 따십시오. 그런 다음 냄비에 체리를 넣고 체리 자체의 즙으로만[2] 끓입니다. 체리가 끓었으면 냄비를 잘 흔들어 쏟아 부으십시오. 차갑게 식힙니다. 식힌 체리를 천으로 (가볍게) 두드려줍니다.[3] 그런 다음 역청을 바른 냄비[4]에 털어 넣습니다. 꿀도 적당히 넣습니다. 고량강도 넣습니다. 바로 먹고자 한다면, 양념을 하지 마십시오.

1 사워체리로 만든 플라덴은 오늘날의 과일 콩피^{confit} 또는 콘펙트 Konfekt의 일종이라고 볼 수 있다. 콘펙트는 독일어권에서 꿀이나 설탕에 절인 과일을 일컫던 용어로, 15세기 이후부터 사용했다. 이렇게 꿀이나 설탕에 절인 과일은 중세 이전, 이미 고대 로마시대에도 존재했다. 플라덴에 관한 설명은 이 책 '[57]. 플라덴' 참조.

2 원전의 라트베르게^{latwerge}는 눌러 짠 즙과 꿀을 섞어 만든 액체를 고아 약 상태로 만든 것을 일컫는다. 이는 특히 중세 의학에서 약물의 경구투여를 쉽게 하기 위한 방법으로 사용되었다. 라트베르게에는 꿀이 들어가는 경우가 많은데, 꿀은 방부제 역할을 하였다. 또한 이러한 연약 형태와 비슷한 단맛 나는 음식이나 조린 과일즙을 '라트베르게'라고 부르기도 하였다.

요리 재현 사워체리로 만든 라트베르게

난이도 ●●●○○

재료 사워체리 1,500그램
4~6인분 꿀 500그램, 아니스 세 꼬집

만드는 방법 사워체리를 씻어서 물기를 뺀 다음 꼭지와 씨를 제거한다. 냄비에 사워체리를 넣고 끓인다. 이때 끓이면서 나오는 자체 즙으로 끓이도록 한다. 중불에서 10~15분 정도 끓여 식힌 다음, 믹서에 곱게 간다. 여기에 꿀, 아니스를 넣고 잘 섞는다. 이를 다시 냄비에 붓고 약불에서 뭉근히 끓인다. 물엿과 비슷한 점성을 띨 때까지 끓인다. 다 끓고 나면 유산지를 깐 오븐 팬에 체리를 붓는다. 얇게 골고루 편다. 냉장고에서 굳힌다. 바둑판 모양으로 칼집을 내어 썬다. 후식으로 식탁에 낸다.

[85]　　　　　　　사워체리로 만든 플라덴[1]

　사워체리 플라덴을 만들고자 하십니까. 사워체리를 준비하십시오. 꼭지를 딴 다음 냄비에 넣고 체리 자체 즙으로만 끓입니다. 수분이 거의 다 없어질 때까지 끓여야 합니다. 다 끓었으면 흔들어 쏟아 부은 다음 식힙니다. 식힌 체리를 천으로 (가볍게) 두드려주십시오. 쟁반에 꿀을 잘 펴 바르십시오. 그 위에 체리를 쏟으십시오. 그런 다음 쟁반째로 나무 위에 올려놓고 공기 중에서 건조시키십시오. 바람이 잘 통하는 곳이 없다면 시원한 뜰에 놓고 건조시키십시오. 그런 다음 네모나게 자릅니다. 그리고 그 위에 양념을 뿌려주십시오. 이렇게 만든 음식을 '라트베르게'[2]라고 부릅니다.

고기로 플라덴을 만들고자 하십니까. 고기를 준비하십시오. 안심이나 뱃살이 좋습니다. 그리고 뼈도 준비하십시오. 푹 끓입니다. 이렇게 익힌 고기를 잘게 다지십시오. 여기에 치즈 반 개를 갈아 넣어주십시오. 달걀도 풀어 섞어주십시오. 걸쭉해지면, 후추로 양념을 하십시오. 이렇게 준비한 반죽을 쟁반에 골고루 편 다음 오븐에 넣어 굽습니다. 그리고 뜨겁게 식탁에 냅니다.

[87]   플라덴

또 다른 플라덴은 이렇게 만듭니다. 배 부위와 뼈가 붙은 부위를 푹 끓입니다. 치즈를 아주 많이 갈아 넣으십시오. 준비한 고기의 양보다 더 많이 넣어야 합니다. 잘 저어주십시오. 달걀도 풀어 넣습니다. 닭 1/4마리를 솔솔 뿌려 넣으십시오. 닭은 삶거나 구운 것이라야 합니다. 그런 다음 준비한 재료를 모두 밀어놓은 반죽 위에 올리십시오. 이를 오븐에 넣고 굽습니다. 그리고 주인님의 식탁에 뜨겁게 내십시오. 너무 짜지 않게 소금 간을 합니다. 이렇게 만든 플라덴 또한 훌륭합니다.

1 중세인들 역시 반죽이 불규칙하게 부풀어 오르면서 모양이 흐트
   러지는 것을 방지하는 방법을 알고 있었다.

안심으로 만드는 또 다른 고기 플라덴입니다. (고기가 들어 있는 그릇에) 치즈 1/4개를 갈아 넣으십시오. 달걀도 풀어 넣으십시오. 양념도 충분히 넣습니다. 그런 다음 밀어놓은 반죽 위에 올리십시오. 반죽에 빽빽하게 구멍을 뚫어야 플라덴이 잘 만들어집니다.[1] 달걀도 완전히 풀어서 넣으십시오. 뜨거운 채로 식탁에 냅니다.

1 마지막 문장은 이 요리의 내용과 맞지 않는다. 조리 방법을 편집
하고 옮기는 과정에서 실수가 있었거나 누락된 다른 음식이 있는
것으로 보인다. 파스테테에 관한 내용은 이 책 '15. 파스테테' 참
조.

89

고기로 만든 플라덴

안심으로 만드는 플라덴입니다. (고기가 들어 있는 그릇에) 치즈 1/4개를 갈아 넣으십시오. 달걀을 넉넉하게 넣으십시오. 돼지비계도 넣어 충분히 기름지게 만드십시오. 그런 다음 반죽을 두드려 얇게 펴십시오. 그리고 돼지족이나 소족을 먼저 만들어놓은 재료에 넣어 흐물흐물하게 풀어질 때까지 푹 익힙니다. 이렇게 만든 재료를 반죽 위에 올리십시오. 이처럼 질 좋은 닭고기로 제대로 만든 요리를 파스테테라고 부릅니다.[1]

부위별로 나뉘놓은 육류.

송아지 간으로 만든 플라덴

송아지 간으로 훌륭한 플라덴을 만들고자 하십니까. 그렇다면 송아지 간을 준비하십시오. 잘게 다지십시오. 신선한 돼지비계를 충분히 썰어 넣으십시오. 양념도 넉넉하게 넣으십시오. 빵 하나를 준비한 다음 손가락 두 개 굵기로 썰어놓으십시오. 그리고 속재료를 플라덴에 채워 넣으십시오. 그런 다음 잘 굽습니다. 뜨거운 채로 식탁에 냅니다.

안심으로 고기 플라덴을 만들고자 하십니까. 그렇다면 준비한 고기에 치즈 1/4개를 넣습니다. 달걀도 넉넉하게 풀어 넣으십시오. 닭 간과 닭 근위도 넣으십시오. 서양배 하나를 길이로 썰어 넣으십시오. 이렇게 만든 얇은 반죽 위에 뿌려주십시오. 굽습니다. 그리고 식탁에 냅니다.

1 설명으로 미루어 보아 생김새가 오늘날 인도나 파키스탄에서 유래한 사모사^{Samosa}와 비슷할 것으로 생각된다.

2 여기서 갑자기 '닭고기'가 등장하는 이유는 내용을 옮기거나 편집하는 과정에서 생긴 오류일 수도 있으나, 문맥상 닭 안심으로 만든 플라덴이라고도 생각해볼 수 있다.

[92]   플라덴

안심으로 고기 플라덴을 만들고자 하십니까. 준비한 안심을 잘 삶아 잘게 다지십시오. 치즈를 갈아 넉넉하게 섞습니다. 달걀도 넉넉하게 풀어 넣어주십시오. 그리고 맛있게 양념을 합니다. 그런 다음 반죽을 만들어 얇게 밀어주십시오. 플라덴을 방패처럼 삼각형으로 접어 모양을 잡습니다.[1] 닭고기를 채워주십시오.[2] 너무 짜지 않게 소금 간을 합니다. 그리고 식탁에 냅니다.

1 질 좋은 파스테테를 만들기 위해 가장 중요한 재료는 밀가루라고
  할 수 있다. 중세시대 사람들은 밀을 분쇄한 다음 체에 여러 번 쳐
  서 얻은 하얗고 고운 밀가루를 가장 좋은 밀가루로 여겼다.

[93]　　　　　　　　　　고기로 만든 플라덴

뱃살로 고기 플라덴을 만들고자 하십니까. 그렇다면 준비한 고기를 잘 삶은 다음 잘게 다지십시오. 여기에 네 등분한 견과를 넣어 섞습니다. 양념을 넉넉하게 넣으십시오. 돼지비계와 달걀도 섞습니다. 그런 다음 반죽을 밀어 넓게 펴십시오. 질좋은 닭고기 파스테테[1] 다섯 개도 준비합니다. 그중 하나를 플라덴 중앙에 놓습니다. 나머지 네 개는 네 꼭짓점에 놓아 주사위의 '5(⚄)'처럼 만듭니다. 그런 다음 굽습니다. 그리고 뜨거운 채로 식탁에 냅니다.

1 이 책 '[94]. 훌륭하고 풍성한 요리', '[95]. 이교도의 머리를 만들고자 하십니까', '[96]. 훌륭한 요리'는 다른 요리들과 차이를 갖는다. 이른바 장식 요리들이다. 장식 요리들은 먹기 위해서라기보다는 말 그대로 보여주기 위한 요리이다. 이러한 장식 요리들은 흔히 결혼식이나 각종 정치·종교 행사 등 특별한 자리에서 식탁을 돋보이게 하는 역할을 하였다. 그렇기 때문에 잔치나 행사의 주제에 부합하면서도 특별히 아름다운 형태로 제작되어 전시 효과를 꾀하였다. 연회 주최자의 지위와 재력과 권력을 포함한 명성을 높임과 동시에 요리 기술의 탁월함을 우아하게 과시할 수 있는 좋은 방법이었다. 이런 장식 요리들은 이미 고대부터 존재해 왔다. 현존하는 서양 최고最古의 요리서 《데 레 코퀴나리아》에도 소개되어 있으며, 페트로니우스의 《사튀리콘Satyricon》과 같은 소설에도 이런 요리가 등장한다. 초기에는 단순히 대상을 재현하는 데 그쳤으나 기술이 발전함에 따라 점점 더 복잡하고 정교한 형태를 만들어내기에 이른다. 중세에는 곰의 머리, 부활절 양, 성, 백조나 공작 같은 아름다운 조류, 성인의 모습들이 빈번하게 제작되었다. 아쉽게도 이 책에 소개된 세 가지 장식 요리는 기술된 내용만으로는 어떻게 만들어졌는지 이해하기 힘들다. 그저 완성된 모습을 어렴풋하게나마 상상할 수 있을 뿐이다.

2 원전에는 자뼈 하나 길이라고 쓰여 있는데, 아래팔 길이를 생각하면 된다. 자뼈는 아래팔을 구성하는 두 개의 뼈 중 안쪽에 있는 뼈로, 척골이라고도 한다.

3 문맥상 가장 이해하기 힘든 부분이다.

4 두부처럼 단단하게 굳히기 위해 돌로 누르라는 뜻 같다.

판 위에 왜가리를 세워서 만듭니다.[1] 안심으로 만든 플라덴을 잘게 다집니다. 여기에 치즈 1/4개를 갈아 넣으십시오. 양념을 한 다음 잘 섞으십시오. 달걀도 풀어 잘 섞습니다. 돼지비계를 넣어 기름지게 만드십시오. 닭 1/4마리도 뿌려 넣습니다. 그런 다음 오븐에 구우십시오. 구운 것을 판 위에 올려놓으십시오. 그리고 중앙에 꼬챙이 네 개를 놓으십시오. 이 꼬챙이는 손가락 하나 굵기에 자뼈 하나 길이[2]여야 합니다. 반쯤 구운 요리를 그 위에 올려놓으십시오.[3] 정교하게 만든 머리를 그 위에 앉힙니다. 그런 다음 빈자리에는 작은 케이크를 놓으십시오. 이 케이크에는 반으로 자른 빵 열두 개를 각각의 꼬챙이에 꽂아 고정시키십시오. 이어서 끓인 우유에 달걀과 사프란을 넣어 보기 좋게 색을 내십시오. 이를 천에 쏟아 부으십시오. 이때 돌을 하나 넣어 물기가 없어질 때까지 거르는 것이 좋습니다.[4] 그리고 그것을 손가락 길이의 너비, 손등 길이만 하게 자르십시오. 작은 꼬챙이 위에 눌러주십시오. 조그맣게 구운 케이크를 플라덴 주위에 마치 울타리를 친 것처럼 둘러서 밀어주십시오. 이파리를 꽂은 화환을 그 주변에 둘러주십시오. 그리고 구운 새를 그 위에 세우십시오. 그리고 주인님의 식탁에 냅니다.

1 　사라센을 의미하는 것으로 보인다.

2 　원전에 쓰인 단어가 정확하게 무엇인지 알 수 없다. 작은 케이크
　　인지 아니면 모자인지 확실하지 않다. 만약 모자라면 '머리 위에
　　꽂는다'라고 해야 맞다.

이교도 머리 장식 요리의 대략적인 상상도.

[95]   이교도의 머리를 만들고자 하십니까

이교도[1]의 머리는 양질의 고기 플라덴으로 만듭니다. 닭을 네 쪽으로 자른 다음 그중 한 쪽을 잘 뿌려 넣으십시오. 사과도 주사위 모양으로 썰어서 넣습니다. 질 좋은 양념을 넉넉하게 넣습니다. 달걀도 풀어 잘 섞어주십시오. 그런 다음 오븐에 밀어 넣어 굽습니다. 이렇게 구운 것을 판 위에 놓으십시오. 여기에 단단한 꼬챙이 두 개를 손가락처럼 꽂습니다. 닭고기를 채워 넣어 만든 머리를 그 위에 올리십시오. 머리 안에는 삶은 송아지 머리가 들어 있습니다. 이 송아지 머리는 사프란으로 아름답게 색을 낸 달걀지단으로 감싸줍니다. 이렇게 만든 것을 플라덴 위에 세우십시오. 그리고 완전히 익힌 달걀노른자를 이교도의 입속으로 밀어 넣으십시오. 달걀흰자로 만든 꽃은 머리 위에 뿌리십시오. 조그맣게 구운 케이크[2]는 꼬챙이에 꽂아 플라덴을 빙 둘러 보기 좋게 찔러 넣으십시오.

1 중간 과정이 생략되어 정확한 방법을 알기 어렵다.

2 원전의 sultze는 현대 독일어로 쥘체^{Sülze}다. 쥘체는 중세 고지 독
   일어 sulza(소금물)에서 유래한 단어로, '아스픽^{Aspik}', '젤레^{Gelee}' 의
   다른 말이다. 쥘체는 삶아서 식힌 고기, 생선 따위를 양념해서 틀
   에 넣어 굳힌 다음 젤리 형태로 차갑게 식탁에 내는 음식이다. 고
   대 이후 서양의 식탁에 꾸준히 올랐던 음식으로, 쥘체에 사용되
   는 재료로는 바닷가재와 같은 갑각류에서부터 청어, 장어, 닭, 거
   위 간, 토끼 등 다양하다.

황소 머리는 돼지비계, 송아지 구이, 이것저것 섞어서 잘 삶은 고기로 만듭니다. 그리고 털이 있는 머리는 가죽을 벗겨 천으로 잘 둘러줍니다.[1] 그런 다음 양념을 잘 합니다. 이것을 완전히 식히십시오. 삶은 고기는 손가락 굵기 정도로 납작하게 썰어주십시오. 이를 아직 굳지 않은 쥘체[2]에 넣으십시오. 너무 짜지 않게 소금 간을 합니다. 그리고 식탁에 냅니다.

이 책에서 사용한 도량형

1 마르크: 약 240그램

1 푼트: 약 480그램

1 뇌젤: 약 0.5리터

1 마스: 약 1.069리터

요리 교본은 여기서 끝을 맺겠습니다.

왼쪽 | 부엌, 《능숙한 부엌일》, 1485년, 목판화, 초판본.

오른쪽 | 부엌, 1507년, 목판화.

중세 독일의 요리서와 음식문화

이 책에 대한 짤막한 소개

《좋은 음식에 관한 책》은 독립적인 요리서 형태를 갖추고 제작
된 책이 아니다. 오늘날 독일 뮌헨대학 도서관에서 소장하고 있는
《미하엘 데 레오네의 하우스부흐Hausbuch des Michael de Leone》*라는 책
에서 조리법만 따로 발췌한 것이다. 이 책《좋은 음식에 관한 책》
은 오늘날까지 전해지는 유일한 14세기 독일 요리서이자 중세 고
지 독일어*로 쓰인 최초의 요리서로서 중요한 가치를 갖는다. 앞

● 하우스부흐는 '가정의 책'이라는 뜻을 담고 있다. 이는 손으로 직접 필사한
  필사본 또는 인쇄본으로, 한 가정에서 그들의 필요에 따라 특정 형식 없이
  정리하여 제작한 책을 일컫는다. 이 책은 가족과 관련된 지식, 가계도, 가족
  을 위한 성서나 성서에서 발췌한 내용, 기도문 등 다양한 주제로 구성되어
  있으며, 경우에 따라 아름다운 삽화나 판화를 삽입하기도 하였다.

◆ 중세 고지 독일어Mittelhochdeutsch란 쉽게 말해 중세의 특정 시기에 사용된
  독일어를 뜻한다. 중세 고지 독일어가 사용됐던 시기는 대략적으로 1050년
  에서 1350년 사이로 잡고 있다. 이 시기는 기사 계급과 시민 계급이 등장하
  기 시작했던 시기이며 또한 독일의 궁정 서사시들이 등장했던 시기이기도
  하다.

서 언급한《미하엘 데 레오네의 하우스부흐》▲라는 제목에서도 알 수 있듯이 미하엘 데 레오네Michael de Leone(1300?~1355)라는 인물이 제작한 책이다. 그는 1346년경 이 책을 집필하기 시작해 1350년경에 일차로 완성하고 이듬해에 내용을 보강하였다. 또 미하엘 데 레오네가 죽은 후인 1355년에도 몇몇 내용이 추가로 삽입되었다.《레오네의 책》은 양피지 문서로 본래 2책 33권으로 구성되어 있었으나 1책은 거의 소실됐고 2책의 285장이 오늘날까지 전해지고 있다. 다행히도 2책에는 1책과 2책의 목차가 모두 실려 있는데, 이를 통해《레오네의 책》이 매우 다양한 주제로 구성되어 있음을 알 수 있다.

2책은《기도문》, 베네딕트수도회 수사 호노리우스 아우구스토두넨시스Honorius Augustodunensis의《교리서》,《묘지의 명문 모음》이나《질병에 걸리지 않고 건강하게 사는 방법》,《좋은 음식에 관한 책》등 일상생활에 관련된 주제들을 비롯해 13세기 초반에 활동한 것으로 알려진 독일 시인 프라이당크Freidank의 격언시, 중세 독일의 음유시인이자 서정시인 발터 폰 데어 포겔바이데Walther von der Vogelweide와 그의 스승인 라이마르 폰 하게나우Reinmar von Hagenau의 서정시, 후고 폰 트림베르크Hugo von Trimberg의 서사시「레너Der Renner」와 같은 문학작품들을 포함하고 있다. 이렇듯 이 책은 당대에 잘 알려진 서정시들Lieder이 실려 있어《뷔르츠부르크의 리더한트슈리프트Würzburger Liederhandschrift》라 불리기도 했다.《레오네의

▲ 이하《레오네의 책》.

책》은 14세기 중반 독일의 세속인들●의 광범위한 관심사에 대한 인상적인 증거 자료로서 무엇보다도 독일 연구에 중대한 영향을 미쳤다.

《좋은 음식에 관한 책》은 《레오네의 책》 2책의 제8권, 156r-165v에 해당하는 내용으로, 원래 제목이 따로 붙어 있지 않았다. 《레오네의 책》 필사본에서 발췌한 요리법들이 인쇄, 출판됨에 따라 《뷔르츠부르크 요리서》라는 별명으로 불리기도 하였으나, 최근에는 《좋은 음식에 관한 책》이라 불리고 있다. 다시 말해 중세 고지 독일어로 《Buoch von guoter spise》 혹은 현대 독일어로 《Das Buch von guter Speise》라는 제목은 원전을 고스란히 옮겨 온 것이 아니라, 이 책의 도입부 문장—"diz buoch (sagt) von guoter spise(이 책은 훌륭한 음식에 대해 이야기하고 있습니다)"를 출판 과정에서 제목으로 붙인 것이다.

《레오네의 책》의 저자는 제목 그대로 미하엘 데 레오네의 이름으로 알려져 있지만, 레오네는 편집자 혹은 편저자로 보아야 옳다. 이 책은 필사본이라는 특성상 필경사가 따로 있었던 것으로 보이는데, 요리서를 필사한 인물은 여러 필경사들 가운데 2책의 285페이지 중 200페이지를 쓴 필경사 B(연구가들은 이 필경사를 'B'라고 부른다)로 보인다. 또한 《좋은 음식에 관한 책》의 내용은 1부와 2부로 나뉘어 있다. 공식적으로 뚜렷하게 구분되어 있지는 않지만 두 개의 농담식 조리법을 경계로 내용이 분리되어 있다. 이

● 성직자가 아니라는 뜻으로 사용하였다.

농담식 조리법을 포함하여 모두 96개의 조리법이 들어 있으며, 시구의 형식을 갖춘 서문이 있다. 서문에는 이 책의 궁극적인 목적인 "소소한 재료들로 어떻게 탁월한 요리를 만들 수 있는지" 알려주고자 한다고 밝히고 있다. 그러나 이 책은 요리 초보자들이 읽기에 매우 어렵고 난해한 책이 될 수 있다. 이 책에서 소개하고 있는 거의 모든 조리법은 필요한 재료와 계량을 제시하지 않을뿐더러 그 재료를 손질하고 준비하며 조리하는 과정을 제대로 명시하지 않기 때문이다. 모든 것이 부정확하다. 이러한 요리서의 문제점은 당시의 요리 초보자는 물론 오늘날의 독자들에게도 혼란을 야기한다.

중세 요리서의 문제점

《좋은 음식에 관한 책》을 처음 읽었을 때 느껴지는 당혹감은 오늘날을 살아가는 우리에게는 어쩌면 너무나 당연한 반응일지도 모른다. 지금까지 전해지고 있는 중세 요리서들은 연구자들은 물론 독자들이 이해하는 데 몇 가지 문제점을 안고 있다.

첫째, 양식의 통일성에 대한 문제를 들 수 있다. 요리서는 오랫동안 체계적이지 못한 방법을 통해 전해 내려오면서 다양한 자료를 거쳐 편집된 경우가 많았다. 하나의 책 안에서도 여러 편집자의 흔적이 발견되는 경우가 거의 기본이라고 해도 과언이 아니다. 《좋은 음식에 관한 책》도 이런 문제를 비껴갈 수 없었다. 이로 인해 발생하는 여러 문제는 요리서를 연구하는 데 큰 걸림돌이 되기도 한다. 예컨대 《레오네의 책》은 다양한 분야, 다양한 주제의 내용을 담고 있을뿐더러, 한 사람의 필경사가 도맡은 게 아니라 필경사 여럿이 분량을 나누어 맡은 것으로 보인다. 전체적인 구성은 미하엘 데 레오네가 계획한 대로 짜였겠지만 세세한 내용까지 전부 그가 관리하고 편집하였다고 말하기는 어렵다. 따라서 여러 편집자에 의해 제작된 요리서들은 출처가 불분명하고, 원전 해석에 대한 견해가 제각각이라 발생사적인 연구를 위한 추적이 매우 어렵다. 다시 말해서 최초의 요리사가 문서로 남기지 않은 자료가 다른 전문 요리사들을 통해 전해지면서 변질되고 누락되었기 때문에, 그 자취를 찾는 과정에서 내용의 본줄기를 제대로 파악할 가능성이 드물어질 수밖에 없다. 요컨대 어떤 요리사가 자신의 이름을 걸고 제작한 요리서라 하더라도 그 요리서가 꼭 그 저자가 쓴 책과 일치하지 않는 경우가 생기게 된다.

둘째, 표기 오류의 문제를 들 수 있다. 인쇄기술이 발달하기 이전의 저작물들은 반복되는 베껴 쓰기 과정에서 일어나는 수많은 오류로 인해 정확하게 파악되거나 이해죄지 못하는 내용들이 생겨나게 되었다. 이런 문제점은 17세기까지도 지속되었으며, 요리서의 역사적 연구가 다른 분야에 비해 상대적으로 커다란 결실을 맺지 못하는 또 다른 요인으로 작용하였다.

셋째, 언어의 문제를 들 수 있다. 이는 표기 오류와 더불어 본문을 읽을 때 직접적으로 부딪히게 되는 문제다. 요리서를 읽다 보면 혼용된 언어를 빈번히 마주친다. 그러나 이런 경우 둘 이상의 언어가 여러 조건에 따라 접촉하는 과정에서 하나의 새로운 언어로 융합되면서 생긴 것이라기보다는 별달리 걸러내는 과정 없이 편집자나 저자의 개인적인 의지로 사용된 쪽에 가깝다. 이는 원전 내용을 그대로 옮겨 오는 과정에서 생긴 문제점으로 보인다. 이런 문제는 또 다른 문제를 발생시킨다. 한 책 안에서도 같거나 비슷한 조리법이 단어 배열이 바뀌거나 특정 용어가 바뀐 채로 등장하거나, 라틴어나 독일어 같은 서로 다른 언어를 함께 사용하는 일이 자주 있다. 물론 이는 다수의 편집자나 필경사가 각자 할당받은 내용을 제각각의 방식대로 정리하여 발생할 수 있는 문제이기도 하나, 옮긴이 개인적인 의견으로는 원전에 대한 이해가 충분하지 않은 상태에서 글자 그대로, 단순히 표면적으로 필사하였기 때문에 생길 수 있는 문제라고도 볼 수 있다.

넷째, 계량과 조리법의 문제를 들 수 있다. 오늘날에 출판되는 거의 모든 요리서에는 재료 양이 정확히 표기되어 있다. 기준으로 삼은 인원(대개 2인 또는 4인)에 맞춰 세세하게 알려주기도 한다. 그러나 중세 요리서에는 양이 정확하게 표시되어 있는 경우가 매우 드물다. 요리서에서 가장 중요한 부분 중 하나가 바로 계량인데도 그렇다. 같은 재료라 해도 계량을 어떻게 하는지에 따라 맛이 확연히 달라지는데, 계량이 생략되어 있기 때문에 중세 요리를 연구하는 데에는 적잖은 어려움이 있다. 때에 따라서 '비법'이라는 이유로 비율이나 양을 비밀에 부치는 경우도 더러 있었겠지만, 일반적인 요리서의 관점에서는 생각할 수 없는 일이다. 오래된 요리서들이 계량이라는 부분을 소홀히 다룬 이유를 우리로서는 정확하게 알 수 없다. 그러나 미루어 짐작해보건대, 당시 조리법이 오늘날처럼 체계적으로 발전하지 못했기 때문에 요리의 질은 오로지 요리사의 입맛에 달려 있었다고 생각할 수 있다. 마치 우리네 할머니들이 그러했듯이 능숙한 요리사는 늘 하던 대로 재료를 준비하고 분배하여 음식을 만들었기 때문에 정확한 양을 기억할 필요가 없었는지도 모른다. 혹은 조리법이 전문 요리사들 사이에서 전수되어왔기 때문일 수도 있다. 다시 말해서 모두 능숙한 요리사이기 때문에 보편적인 조리법을 굳이 지면을 할애하여 설명할 필요가 없었는지도 모른다. 오늘날 우리가 당연하게 알고 있는 음식 재료들 가운데에는 중세 사람들에게 매우 낯설고 새로운 것이 많았다. 그들에게는 어쩌면 이런 새로운 음식 재료들을 어떤 요리에 어떻게 사용해야 하는가가 더 중요한 정보였을 수 있고, 따라서 많은 요리서가 재료에 집중하고 있는지도 모른다. 또는 완전히 반대로 생각해볼 수도 있다. 요리서는 다른 실용서와 마찬가지로 필경사 같은 직업적인 사본 작성자가 그대로 베껴 쓰는 일이 많았다. 이들은 전문 요리사가 아니기 때문에 자신들이 작업하는 자료에 대한 이해도가 그리 높지 않았을 것이다. 때문에 그들은 자료를 다루는 데 있어 굉장히 피상적일 수밖에 없었을 것이다. 이는 세 번째 문제와도 맞닿아 있다. 필경사들은 어쩌면 자신이 이해할 수 있는 최소한의 정보만을 기재한 것일 수도 있다. 요리서에서 이따금 계량 표기가 보이는 이유도 이러한 맥락에서 이해해볼 수 있다.

다섯째, 조리 과정을 설명하는 방식의 문제다. 계량과 마찬가지로 음식을 만드는 과정은 매우 중요하다. 그러나 많은 요리서에서 드러나는 공통적인 특징은 본문의 내용을 정확하게 이해하기 어렵다는 점이다. 문학적 가치에 중점을 두지 않더라도, 조리 과정을 진술하는 데서 나타나는 언어적 부조화는 단순히 전문적인 분야라서 그렇다고 보기에는 전혀 일반적이지 않다. 게다가 전문적인 용어 또한 빠져 있다. 본문의 내용에서 보이는 이러한 특징은 분명 책이나 다른 문서를 통한 기술 전수가 아니라 다른 요리사가 조리하는 모습을 보고 현장에서 터득한 지식을 토대로 쓰인 것이라면 설명이 가능할 것 같다. 다시 말해서 언어적 습득보다는 시각적 습득에 의존하여 배운 것들을 나중에 문자로 묘사하고 정리하였기 때문이다. 이러한 극단적인 예는 《좋은 음식에 관한 책》에서도 찾아볼 수 있다. 이 책의 거의 마지막에 실려 있는 '왜가리'나 '이교도의 머리'와 같은 고난도의 장식 요리는 본문의 설명만으로는 재현하기가 거의 불가능하다. 문맥상으로 보아 분명 저자가 이것을 만든 경험이 있어 보이나 그것을 논리적으로 설명하는 능력은 다소 부족해 보인다. 그렇기 때문에 이런 것들을 어떻게 제작하였는지 알아내기 위해서 연구자들은 이와 비슷한 요리의 다른 자료들을 찾아 서로 짜맞춰보는 수밖에 없다.

편저자 미하엘 데 레오네

역사가이자 법률가였던 미하엘 데 레오네의 생애는 그리 잘 알려지지 않았다. 《바이에른의 역사 렉시콘Historisches Lexikon Bayrens》에 따르면 미하엘은 1300년경 독일 뷔르츠부르크의 유복한 집안에서 태어났으며, 원래 이름은 미하엘 폰 마인츠였다. 고향인 뷔르츠부르크의 노이뮌스터 학교를 마치고 1324년부터 1328년까지 볼로냐 대학에서 법학을 전공하였으며 석사학위를 받았다. 볼로냐 대학의 학생기록부에는 '미하엘 데 에르비폴리'라는 이름으로 등록되어 있다. 졸업 직후인 1328년에 뷔르츠부르크로 돌아와 황제의 공증인으로 일하기 시작하였다. 그러던 중 미하엘은 1332년에 성당기사단의 소유였던 저택 'Hof zu großen Löwen'●를 매입한 후 이곳으로 이사하였다. 그 이후부터 미하엘은 자신의 거주지 이름을 따서 미하엘 데 레오네로 개명하였다. 이후 미하엘의 가족과 친지들은 모두 '데 레오네'가 되었다. 개명 후 1336년까지 뷔르츠부르크의 주교로 있었던 오토 폰 볼프스켈의 사무실 서기장으로 일했다.

이 시기에 미하엘은 오토 폰 볼프스켈의 전기와 뷔르츠부르크 지역사 연구에 중요한 자료인 《헤르비폴리스의 짧은 연대기Annales Herbipolenses minores》●라 불리는 연작 중 한 편 《현대 사람들Temporum hominum modernorum》을 집필하였다. 1346년경 두 번째 편저 《레오네의 책》 제작에 착수한다. 이 밖에도 그의 저작으로는 《Gebete》,

---

● 굳이 우리말로 옮기자면 '거대한 사자 저택'이다. 이곳은 뷔르츠부르크에 위치한 특정 구역의 이름으로 그곳에 커다란 저택이 있었다. 그 저택을 구입하면서 미하엘은 자신의 이름에 이 구역의 이름을 삽입하게 된다. 독일어로 사자를 뜻하는 '뢰베Löwe'를 라틴어 '레오leo'로 바꾸어 사용하였다.

《Über die Rechte des Klerus》 등이 있다. 미하엘 데 레오네는 일생 동안 두 편의 편저와 다섯 편의 저작물을 집필하였다.

중세 독일의 요리서

여기서 중세 요리서라고 함은 일반적으로 '중세'라 규정짓는 시기, 다시 말해 빠르게는 대략 6세기부터 15세기 사이에 제작된 요리서를 의미한다. 중세 유럽의 요리서를 두루 소개하면 좋겠지만, 여러 가지 복잡하고 다양한 요인으로 인해 '중세 유럽'이라 뭉뚱그려 설명하기에는 너무나 광범위하다. 그렇기 때문에 여기서 '중세 요리서'는 지역적으로 독일어권에서 출간된 것으로 제한하되, 당시 직간접적으로 영향을 받은 다른 언어권의 요리서들을 몇 권만 소개해보고자 한다. 가장 먼저 생각해보아야 할 점은 바로 '요리서'의 정의가 아닐까 한다. 요리서의 정의는 예나 지금이나 달라진 것이 없다. 요리서는 다양한 음식을 만드는 조리법이나 그 과정을 설명한 책을 말한다. 이러한 책은 요리사를 비롯해 음식에

◆ 헤르비폴리스는 '허브의 도시' 즉 뷔르츠부르크를 의미한다. 뷔르츠부르크에서는 짧은 연대기가 제작되었는데, 이는 688~1266년, 1241년과 1400년 이렇게 세 차례에 걸쳐 기록되었다. 미하엘 데 레오네가 이 연대기의 일부를 작성하였다. 이 연대기는 한 도시 역사를 연대순으로 편찬한 것으로 뷔르츠부르크의 역사와 문화를 처음으로 기록한 것으로 독일 남부의 역사를 연구하는 데 중요한 자료로 여겨지고 있다.

관심을 가진 사람이라면 누구나 쓸 수 있다. 요리서의 저자는 개인일 수도, 집단일 수도, 또 익명일 수도 있다. 물론 누가 썼는지에 따라 그 목적과 수준, 내용은 현저하게 달라질 수밖에 없다. 다시 말해서 요리서는 단순히 요리하는 방법을 알려주기 위한 것이 아니다. 요리사가 썼는지, 학자가 썼는지, 아니면 비전문가가 썼는지에 따라 요리할 때 옆에 두고 볼 책인지, 전문성을 띤 책인지, 이론적인 책인지 등 너무나도 많은 것이 달라진다. 그렇기는 해도 중세 시대에 요리서를 쓴 이들 대부분은 평판 좋은 숙련된 요리사이거나 주방을 책임지고 있는 능숙한 가정주부였을 것이다.

고대 이후로 대략 800~1200년이라는 긴 세월이 흐르는 동안 무슨 이유에서인지 이렇다 할 요리서가 발견되지 않고 있다. 그 긴 시간 동안 요리라는 분야에서 자료를 남기는 방법은 입에서 입으로 전해지는 것이었으리라 추측하고 있을 뿐이다. 독일을 예로 들면, 조리법을 기록해 남기는 경우가 매우 드물었다. 여러 가지 이유가 있었겠지만 아마 가장 큰 이유는 비용이었을 것이다. 중세에는 기록을 위해 대개 '파치먼트'라고도 불리는 양피지나 종이를 사용했는데, 특히 양피지를 많이 사용하였다. 양이나 소 한 마리를 잡아 만들 수 있는 양피지는 값이 몹시 비쌀 수밖에 없었다.● 이런 고가의 재료에 '가벼운 주제', 요컨대 문학이나 철학, 종교 같은 인문학적인 주제가 아니라 일상에서나 필요한 조리법을 담은 책을 제작하려는 시도는 매우 드물 수밖에 없었을 것이다. 또 다른 이유로는 당시 요리사들의 교육 수준을 들 수 있다. 중세 요리사들 중에 글을 읽거나 쓸 줄 아는 사람이 과연 얼마나 있었을까. 아무리 능력이 출중한 요리사라 해도 자신의 기술이나 비법을 전수하는 수단은 대부분 입을 통해서나 조리 과정을 직접 보여주는 길밖에 없었을 것이다. 행여 문서로 남길 생각을 하더라도 그것은 필경사를 통해서나 가능한 일이었을 것이다. 얼마나 많은 요리사들이 필경사에게 받아쓰기를 청탁할 수 있는 환경에 있었을지는 어렵지 않게 상상할 수 있다. 이러한 이유에서인지 오늘날까지 전해지는 필사본 형태 요리서들은 대부분 필경사들의 작업 공간이라 할 수 있는 스크립토륨이 있는 수도원이나 법원 같은 곳에서 제작되었다. 이처럼 책 제작이 전문 필경사들에게 거의 의존하다 보니 고대와 중세 사이에 전해지는 요리서가 없는 것이라고도 볼 수 있다.

중세 요리서의 구성

초기 요리서들은 공통적인 특징을 갖고 있다. 가장 눈에 띄는

● 남아 있는 자료에 의하면 1074년 한 수사가 미사 전서 한 권과 포도밭이 딸린 야산 하나를 교환했다고 한다. 그 후 400여 년이 흐른 15세기 독일에서도 설교집 한 권을 사기 위해 양 200마리에 보리·호밀 수십 가마를 들였다는 기록이 남아 있다고 한다. 《좋은 음식에 관한 책》을 예로 들어 비용을 산출해보자면, 원전에 전부 12장의 양피지가 사용되었으므로 이 책 한 권을 만들기 위해 최소한 12마리의 양을 도살했을 것이다.

점은 책의 구성으로, 음식의 순서나 배열에 대한 방식이 정해져 있었던 것으로 보인다. 예를 들면 재료 손질 및 보관 방법, 갖가지 행사에 따른 음식의 종류, 식탁 위에 올라오는 모든 것의 구성이나 메뉴 제안 같은 것들이 그 기본 구성이었다. 이런 요리서 기술 양식은 서양의 고대 요리서 중 유일하게 오늘날까지 전해지는《데 레 코퀴나리아》*의 형식에서 크게 벗어나지 않는다. 일반적으로 책의 구성에서 체계적인 분류는 기대하기 어렵다. 차례대로 기술되어 있는 조리법에서 전채요리, 주요리, 후식 등 우리가 알고 있는 서양식 식사의 코스는 찾아볼 수 없다. 이는 너무나도 당연한데, 아직 이 시대에는 그런 식사 예절이 정착되지 않았기 때문이다. 중세의 식사는 대부분 코스와 상관없이 나란히 늘어놓는 것이 일상적인 방법이었으며 후식 정도만 따로 나오는 식이었다. 따라서《좋은 음식에 관한 책》을 포함한 중세 요리서에는 음식의 순서가 존재하지 않으며, 아마도 저자의 편의에 따라 정리되었을 것이다. 어떤 책들은 어떤 법칙을 전혀 찾아볼 수 없으며, 또 어떤 책들은 같은 종류의 소스나 조리 방법에 따라 정리하기도 하고, 또 어떤 책들은 특정한 날에 먹을 수 있는 음식에 따라 정리하기도 한다. 그러나 정확하고 명료한 법칙에 의해 목차가 형성된 경우는 없다.

● 데 레 코퀴나리아는 '요리에 관하여'라는 뜻으로, 고대 로마의 티베리우스 황제 시절에 활동하던 미식가 아피키우스의 저작 또는 편저라고 알려져 있는 현존하는 가장 오래된 서양의 요리서이다.

오늘날까지 전해지는 중세 요리서

중세 독일의 요리서를 따라 올라가면 14세기 초에 제작된《요리책Liber de coquina》이 있다. 이 책의 저자나 정확한 출간연도에 대해서는 알려진 바가 없으며, 나폴리 지역에서 출생한 이탈리아인이 저술한 것으로 추측할 따름이다. 중세 요리서는 이《요리책》에서 시작되었다고 해도 전혀 이상할 것이 없다.《요리책》은 고대 로마의《데 레 코퀴나리아》에서 많은 영향을 받은 것으로 보이며, 그 영향이 다른 중세 요리서들에게도 미치게 된다. 그다음으로 오래된 책이 바로《좋은 음식에 관한 책》이다.《요리책》과 구성이 비슷해 보이나 이 책은 이미 위에서 언급하였듯이 단독으로 제작된 것이 아니라 모음집에 속해 있다. 이 모음집에 포함된 요리서로서 지역적인 특성을 보여주고 있으며, 요리의 다양성과 구성을 통해 그 시대의 조리법을 알 수 있는 중요한 자료이다. 게다가 현존하는 가장 오래된 '독일어 요리 교본'이라는 의미를 갖는다.《좋은 음식에 관한 책》이 제작된 지 대략 반세기가 지난 1400년경에《좋은 음식에 관한 작은 독일 책Alemannische Büchlein von guter Speise》이라는 제목의 요리서가 등장한다. 이 책은 뷔르템베르크 출신 요리사 마이스터◆ 한센Meister Hansen이 쓴 책으로, 실질적인 저자의 이름이 최초로 등장하는 요리서이다.▲ 그러나 최초의 원문은 전해지

◆ 여기서 마이스터는 이름이 아니라 '대가', '명장', '장인' 등을 의미하는 독일식 호칭이다.

지 않으며 오늘날까지 남아 있는 것은 이 책의 사본으로, 1460년 경에 쓰인 것이다. 두 번째로 편집자의 이름이 전해지는 요리서는 《마이스터 에버하르트의 요리서^{Das Kochbuch des Meisters Eberhards}》로 이는 바이에른-란즈후트의 제후였던 하인리히 3세의 개인 요리사로 활동하였던 마이스터 에버하르트가 편집 또는 저술하였다. 이 필사본은 원래 15세기 초에 제작된 것으로 알려져 있으나 현재 남아 있는 가장 오래된 사본은 1495년에 쓰인 것이다. 15세기부터는 《마이스터 에버하르트의 요리서》 이후로도 요리서들이 끊임없이 쓰였으나 역시 익명으로 제작되는 경우가 대부분이었다. 그중 15세기 중엽에 몬트제 수도원에서 쓰인 《몬트제 요리서》와 도로테엔 수도원에서 쓰인 《도로테엔 요리서^{Kochbuch von St. Dorotheen zu Wien}》가 잘 알려져 있다. 그러나 이 두 요리서는 《좋은 음식에 관한 책》의 영향을 강하게 받은 것으로, 전혀 새로운 책이라고 하기

▲ 중세 요리서 중에 요리사가 저자로서 이름이 알려진 또 다른 요리서가 존재한다. 서양의 중세 요리서 중 아마 가장 잘 알려지고 또 오랜 기간 요리서라는 분야에서 지침이 되는 권위 있는 책이라는 '명예'를 얻었던 (이른바 《타유방의 요리서》로 알려진) 《르 비앙디에^{Le viandier}》가 이미 마이스터 한센의 책보다 100년 가까이 먼저 쓰였다. 하지만 국왕 찰스 5세의 개인 요리사였던 타유방(기욤 티렐, 대략 1312~1395년 사이)의 활동 시기는 오늘날까지 전해지는 가장 오래된 《르 비앙디에》의 필사본 제작 시기인 1320년경과 맞지 않는다. 물론 시기적으로 겹쳐지는 부분이 있기는 하나 아무리 재능을 타고났다 하더라도 아동기에 요리서를 쓴다는 것은 상식적으로 불가능하기 때문이다. 따라서 타유방을 지금까지 알려진 '요리사로서 최초의 요리서 저자'라고 보기는 어렵다고 할 수 있다.

는 어렵다. 지금까지는 필사본이었다.

15세기의 끝자락이자 중세가 끝날 무렵, 요리서 제작에 큰 변화가 온다. 인쇄술 발달에 힘입어 1485년경 처음으로 필사본이 아닌 활자본 요리서가 등장한 것이다. 요리서 역사에서 가장 처음으로 제작된 활자본은 뉘른베르크에서 인쇄된《능숙한 부엌일 Küchenmeisterei》이다. 요리서 제작술의 발전과는 다르게 여전히 저자나 편자는 익명이었다. 이 책을 시작으로 16세기는 필사본과 활자본이 공존하는 과도기였다. 그러나 이뿐 아니라 요리서의 역사에서 이 시기를 주목해야 하는 이유 중 하나는 바로 여성 저자의 출현이다. 아우구스부르크 출신의 사비나 벨저 Sabina Welser의 요리서를 그 예로 들 수 있다. 비슷한 시기에 스위스 출신의 안나 베커 Anna Wecker가 콜마르에서 유명한 의사였던 남편이 처방약에 의존하기보다는 식이요법으로 환자들을 치료하고자 하는 목적으로 연구하였던 내용을 정리한 것이다. 이 책은 일반적인 요리서가 갖고 있는 가장 기본적인 주제인 음식의 맛에 집중하였을 뿐 아니라 건강한 삶을 목적으로 삼았다. 이처럼 음식과 의학을 접목시키는 것이 전혀 새로운 시도는 아니었다. 이는 사실상 고대부터 성행하였던 식이요법의 전통을 따르고 있다고 볼 수 있다. 안나 베커의 책은 나중에 그의 딸이 편집하여 1591년 암베르크에서 출간되었다.

이 시기의 필사본으로는 1535년경의《테게른제 수도원 요리서 Tegernseer Klosterkochbuch》가 있다. 이 책은 매우 특이하게도 다른 필사본들과 달리 재료의 양을 표기하고 있다. 각각의 조리법은 40인분을 기준으로 표기되어 있는데, 이는 테게른제 수도원에서 생활

하던 사람들의 수일 것으로 추정하고 있다. 그 밖에도 1542년에 슈테파누스 비길리우스 파치몬타누스^{Stephanus Vigilius Pacimontanus}가 출판한 인쇄본《정직하고, 어지간하면서, 또한 허용된 육체적 쾌락 ^{Von der eerlichen, zimlichen, auch erlaubten Wolust des Leibs}》[●]이 있다. 딜링엔 출신의 발타사르 슈타인들^{Balhasar Staindl}은 1544년 그의 저서《기술적이고 유용한 요리서^{Künstlichs vnd nutzlichs Kochbuoch}》를 아우구스부르크에서 인쇄하였다. 그 뒤 1575년에는 선제후 다니엘 브렌델 폰 홈부르크의 전속 요리사를 지냈던 마르크스 룸폴트^{Marx Rumpolt}의 유명한 요리서인《새로운 요리서^{Ein new Kochbuch}》가 출간되었다. 이와 비슷한 유의 책인《다채로운 음식에 관한 요리서^{Kunstbuch von mancherley Essen}》는 브라운슈바이크 제후의 전속 요리사 프란츠 데 론트치어 ^{Franz de Rontzier}가 필경사로 하여금 조리법을 받아쓰게 하여 1594년 볼펜뷔텔에서 출판하였다.

지금까지 소개한 모든 요리서는 군주나 귀족의 집에서 또는 수도원에서 제작되었다. 때문에 이들 요리서는 오직 상류층의 음식만을 소개하고 있다. 지금까지의 요리서들을 종합해보자면, 귀족의 가계를 운영하면서 제작되거나 귀족의 주방에서 직접 쓴 요리서들 사이에는 큰 차이가 없었다. 옮긴이가 아직 접하지 못한 다른 요리서들이 다수 존재하기 때문에 확신할 수는 없지만, 14세기부터 16세기 사이에 쓰인 요리서들 대부분은 거의 동일한 조리

● 이 책은 1474년 이탈리아에서 출판된《De honesta voluptate et valetudine》의 독일어 번역본이다.

법과 재료 그리고 유사한 요리들을 소개하고 있을 것으로 보인다. 이는 종교의 영향이 클 것으로 여겨진다. 그리스도교의 세계였던 중세에는 요리서 또한 종교의 영향으로부터 자유로울 수 없었기 때문에 다양한 내용을 찾아보기 힘든 것이다. 또한 아쉽게도 상류층이 아닌 계층들의 식생활, 특히 농가의 음식이나 그들의 조리법에 대해 상세히 알 수 있는 기회가 거의 없다.

중세의 음식문화

사실 '중세의 음식문화'라고 규정하는 일에는 약간의 오해가 생길 수 있다. 오늘날까지 전해지는 요리서와 중세 문학에 등장하는 내용만으로는 농민들의 음식문화에 대해 아주 적은 정보만을 얻을 수 있기 때문이다. 이 책에 흔히 등장하는 흰 빵, 와인, 생선, 쌀, 아몬드우유, 고량강, 후추, 사프란 등은 전부 당시 매우 귀한 재료로 여겨졌고, '지배자의 음식'에 속하는 것으로 오로지 왕이나 귀족, 고위 성직자 또는 도시의 상류층을 위한 것이었다. 때문에 이를 통해 우리가 습득할 수 있는 중세 음식이나 식품 목록은 이미 제한되어 있다고 할 수 있다. 물론 이런 한정적인 자료 안에서도 중세의 전반적인 식생활을 엿볼 수 있는 기회가 아주 조금이나마 있기는 하다. 예컨대 고급 재료의 저렴한 대체재나 제철 재료, 혹은 교회의 달력에 따라 달라지는 육식일과 금식일의 식단, 지역적 특성을 갖고 있는 음식이나 재료 등을 통해 지배계층은 물론 하층계급의 식생활을 미루어 짐작해볼 수 있을 것이다. 하지만 여기에 소개되는 거의 모든 내용은 중세 독일 혹은 유럽의 상류층을 중심으로 연구된 내용이라는 점을 염두에 두어야 한다.

중세인들의 입맛

오늘날 우리의 입맛을 기준으로 중세 요리를 평가하면 매우 난처한 상황에 부딪히게 된다. 우리는 아시아인이고 입맛이 유럽인들과는 다르기 때문일까라는 생각을 해볼 수도 있겠지만, 오늘날 유럽인들의 입맛에도 중세 요리는 매우 낯설고 이해하기 힘든 부분이 있다고 한다. 가장 큰 이유는 중세 요리가 전반적으로 자극적이고 강한 맛을 지니고 있기 때문이다. 어떻게 해서 지금과는 너무나도 다른 맛을 찾고 즐겼는지 생각해볼 필요가 있다. 중세 음식 문화 연구자인 T. 엘러르트를 비롯한 다수의 연구자들이 공통적으로 갖는 의견이 있다.

첫째, 중세나 중세 이전의 유럽인들은 오늘날의 유럽인들보다 맵거나 자극적인 맛을 선호했다고 가정할 수 있다. 둘째, 신선육이나 생선처럼 쉽게 부패하는 음식 재료를 신선한 상태로 장기간 보존할 수 있는 기술이 부족했기 때문에 바로 소비하지 않을 경우 좋지 않은 냄새나 맛이 날 수 있었다. 때문에 그러한 냄새와 맛을 가리기 위해 오늘날보다 진하고 강한 양념을 했다고 가정할 수 있다. 셋째, 짠맛 때문이라고 가정할 수 있다. 중세인들의 저장 및 보존 방법 중 대표적인 것이 바로 소금에 절이는 것이었음을 감안하면, 이는 너무나도 자연스러운 해결 방법으로 여겨진다. 짠맛을 '중화시키는' 한 방법으로서 강한 양념을 사용하였을 것이다. 같은 이유로 이 책에서 '너무 짜지 않게 간하기'를 거듭 강조하는 것이 아닐까 생각된다. 소금에 절이지 않은 신선한 음식은 당시 아무나 먹을 수 없는 것이었으므로, 중세인들에게 '좋은 음식은 짜지 않다'는 인식이 있었던 것으로 보인다. 넷째, 중세에 사용하던 양념 중 이국적인 재료들은 무척 값비쌌다. 때문에 소수의 상류층만이 향유할 수 있었는데, 이러한 값비싼 재료들을 아낌없이 사용함으로써 자신들의 부와 지위를 표현하고자 했다는 것이다. 양피지 문서, 또 그 문서를 보관하는 함 따위를 호화로운 보석이며 금은으로 장식하듯이 말이다.

중세의 조리법

앞서 언급했던 중세 음식의 강한 양념 맛을 조금이라도 부드럽게 만들기 위해서는 단맛을 더하기도 했을 것이다. 고대 이래로 꿀은 오랫동안 유럽의 부엌에서 단맛을 내는 데 유용하게 사용되어왔다. 중세 후기까지만 해도 보편적인 감미료는 꿀이었다. 그러나 시간이 지남에 따라 꿀의 자리를 설탕이 차지하게 된다.《좋은 음식에 관한 책》에서도 96가지 조리법 가운데 꿀은 17가지, 설탕은 16가지 조리법에 등장해, 거의 비슷한 빈도로 꿀과 설탕이 사용되었다. 이 책이 제작된 시기로 보자면 일반적인 감미료의 사용 빈도와 조금 차이를 보이는데, 이는 아마도 매우 풍족한 생활을 누릴 수 있었던 특권계층의 조리서이기 때문일 것이다. 학자들은 설탕의 흔적을 찾아보려면 기원전 8000년경까지 거슬러 올라가야 한다고 이야기하지만, 유럽 대륙에 설탕이 전해진 것은 훨씬 더 나중의 일이다. 지금까지 연구된 바에 따르면, 설탕은 8세기경 남부 이탈리아에 먼저 들어왔다가 그로부터 시간이 조금 더 지나 십자군 원정을 계기로 유럽 전역에 퍼져나갔다. 이 시대에 설탕은 전량 수입에 의존하였는데, 수입량은 점점 더 늘어나는 데 반해 공급량은 턱없이 부족하여 오랫동안 고가의 사치품으로 분류되었다.[●]

《좋은 음식에 관한 책》을 비롯한 중세 요리서들에서 언급되고 있는 조리법은 우리에게 조금 낯설다. 그 시절에는 방금 도축하거나 사냥에서 잡아 온 짐승의 커다란 덩어리 고기를 손질하는 일도 재료 손질의 한 과정에 속했으며, 이렇게 손질한 고기를 꼬치에 끼우거나 석쇠에 굽는 것이 가장 보편적인 조리법이었다. 비단 덩어리 고기만을 꼬치구이나 석쇠구이로 먹은 것은 아니다. 닭 같은 비교적 작은 가금류나 생선도 대부분 같은 방법으로 익혀 먹었다. 그 밖에도 고기를 포함한 재료를 잘게 썰거나 다진 다음 커

● 남아 있는 기록에 따르면 1420~1421년 클로스터노이부르크(오스트리아 빈 북쪽에 위치한 도시)에서 설탕 가격은 1푼트에 16.8크로이처였고, 이는 꿀보다 10배 정도 비싼 가격이었다고 한다. 또 설탕 11푼트(약 4,620그램)를 살 수 있는 돈이면 말 한 마리를 살 수 있었다고 한다.

다란 고기 속에 채워 넣어 삶거나 굽는 것도 일상적인 조리법 중 하나였다.

중세 조리법 중에 특히 눈여겨볼 필요가 있는 것은 바로 '전처리 과정'이다. 이 전처리 과정 때문에 우리는 이따금 내용을 제대로 이해한 게 맞는지 확인하기 위해 다시 앞으로 돌아가 무슨 의미인지 잠시 생각해보게 되기도 한다. 중세인들은 모든 육류나 생선을 우유나 물에 담가놓았다가 사용하거나, 본격적인 조리를 시작하기 전에 한 번 끓여서 준비해놓기도 했다. 저장기술이 발달하지 않았던 중세에는 상하기 쉬운 재료들을 식초나 소금에 절이거나 방부 효과가 있는 양념에 재워 저장하였기 때문에, 짠맛이나 신맛, 강한 양념 맛을 중화시키기 위해서는 우유나 물에 담가놓는 과정이 반드시 필요했을 것이다.

이 밖에도 오븐이나 팬에 굽는 방법이 있었다. 그런데 오븐에 굽든 팬에 굽든 생선이나 육류를 그대로 굽지 않는 경우가 대다수였다. 달걀물을 입히거나 아니면 곡물 반죽으로 덮거나 싸서 구웠다. 뜨거운 기름에 지지는 방법도 빈번히 사용되고 있다. 이 책에서 여러 번 언급되고 있는 무스 또한 중세 식단에서 빠질 수 없는 요리 중 하나였다. 무스를 만들기 위해서는 걸쭉한 점성을 만들어내는 재료가 필요했는데, 중세인들은 오늘날 우리가 흔히 사용하는 녹말보다는 쌀이나 달걀을 주로 사용했다.

중세 조리법 중에서도 우리에게 특히 낯설어 보이는 방법이 있다면, 그것은 음식에 색을 입히는 일이다. 녹색을 내기 위해 파슬리를 사용하고, 보라색이나 푸른색을 내는 데는 제비꽃을 사용하며, 검은색으로 물들이기 위해 검은 빵을 넣기도 한다. 아마도 이런 색을 내는 재료 중 우리에게 가장 익숙한 것은 노란색을 내는 데 쓰이는 사프란일 것이다. 이런 재료들은 음식의 맛을 지배하지 않는다. 오로지 먹는 이들의 눈을 호강시키기 위한 재료였다.

중세 음식의 종류와 재료

시대와 장소에 상관없이 가장 많이 섭취하는 음식은 아마도 그 지역에서 자라거나 잡을 수 있는 것들이리라. 중세인들도 마찬가지로 대부분의 사람들이 그 지역에서 자라는 식물성 재료를 가장 많이 섭취하였다. 소젖을 포함한 다른 모든 동물의 젖과 그 것으로 만든 음식은 이 시대의 기초식량에 속했다. 이와 더불어 사과, 체리, 자두, 서양배, 딸기 등 모든 종류의 토착 과일이 여기에 속한다. 특정 계층에서만 소비할 수 있었던 수입 과일로는 대추야자, 무화과, 레몬, 아몬드 등이 있다. 상류층에서는 거의 소비가 없었기 때문인지 이 책에서는 단 한 번의 언급도 없었던 순무나 무, 배추류 같은 채소는 중세 귀족 등의 상류층을 제외한 거의 모든 계층에게 매우 중요한 식량자원이었다. 반면 상류층은 상대적으로 육류를 많이 소비했고, 주로 소, 돼지, 양이나 염소, 닭, 오리, 거위 등을 먹었다. 그 밖에도 사냥한 짐승의 고기로 멧돼지나 사슴류, 토끼를 비롯하여 메추라기, 자고새, 꿩, 들꿩과 같은 야생 조류는 물론이거니와 곰, 기러기, 비둘기, 백조, 다람쥐와 고슴

도치 같은 오늘날의 입맛으로는 도저히 공감하기 힘든 숲과 산과 들에서 잡을 수 있는 모든 것을 요리의 재료로 삼았다.

한편, 이 책에서도 상당히 공들여 소개하고 있는 장어는 귀족들의 식탁에 오른 전형적인 생선이었다. 그러나 당시 장어는 생선으로 분류되지 않고 뱀류로 분류되었다. 그 밖에도 연어, 강꼬치고기, 농어, 청어, 대구 따위가 식탁에 자주 올랐다. 특히 청어와 대구는 대표적인 수입 생선 중 하나였다. 쉽게 부패하는 특성상 생선은 대개 매우 값비싼 음식 재료였으며, 신선한 상태로 섭취할 수 있는 계층은 오직 귀족과 고위 성직자 같은 상류층뿐이었다.

오랜 기간 죽 형태로 곡물을 섭취하던 중세인들은 후기로 갈수록 점점 더 빵에 관심을 기울이게 된다. 특히 궁정사회에서는 정제한 밀가루로 구운 흰 빵을 선호하였다. 오늘날 우리에게는 정제하지 않은 곡물로 만든 빵이 더 건강하고 '고급'스러워 보이지만 이 시대에는 그렇지 않았다. 이 책에서도 '질 좋은 흰 빵'이라고 언급하고 있듯 여러 과정을 거쳐 정제한 흰 빵은 아무나 먹을 수 없는 매우 귀한 빵이었다. 밀뿐 아니라 귀리, 호밀, 보리도 주요 곡물이었으며 대부분 자급할 수 있었다. 이러한 곡식들은 대개 특정 음식을 만드는 주재료로 사용되었으나 유일하게 그렇지 않은 곡식이 있었는데, 그것은 바로 쌀이었다. 쌀은 당시 유일하게 수입에 의존하던 곡물이면서, 요리의 주재료로서가 아니라 녹말처럼 점성을 높이기 위한 보조 재료로서 사용되었다.

주식으로 섭취한 음식의 재료뿐 아니라 음료 또한 계층에 따라 달랐다. 상류층의 음료로는 와인과 벌꿀술이 있었다. 와인의

생선장수, 《울리히 리헨탈의 연대기》, 15세기, 로즈가르텐 미술관, 콘스탄츠.

가판대 위에는 여러 가지 생선을 비롯해 개구리와 달팽이도 놓여 있다.

경우 아무것도 섞지 않은 순수한 와인보다 향신료 와인을 즐겨 마셨다. 이 시대에는 와인에 '양념'을 하는 일이 필요했는데, 대부분의 와인이 오늘날과는 달리 신맛이 강하고 독했기 때문이다. 4세기부터 그리스도교는 로마 제국의 뒤를 이어 와인에 가치를 부여하는 데 기여하였다. 중세의 와인 소비량은 생각보다 많았으며, 중세인들에게 와인의 중요성과 그 가치가 어떠하였는지는 수많은 크고 작은 수도원을 비롯하여 종교재단에서 와인용 포도를 재배하고 또 와인을 생산하였다는 사실만으로도 충분히 알 수 있다. 또한 와인은 그리스도의 피를 의미하기도 한다. 이러한 종교적인 성향을 갖고 있는 음료인 와인은 미사전례의 필수 요소 중 하나였고 또 영적인 음료였다. 이에 반해 맥주는 저급한 술로 여겨져 하층계급 사람들이 주로 마셨으며, 포도가 아닌 다른 과일로 담근 과실주도 하층계급의 음료로 여겨졌다. 그러나 13세기부터는 하층계급 사람들도 벌꿀술을 마시게 되었고, 와인 소비도 점차 하층계급으로까지 퍼져나갔다.●

마지막으로 중세인들이 양념 재료로 사용하였던 향신료와 허브가 있다. 이 책에서 언급된 향신료나 허브는 매우 제한적이다.

● 벌꿀술은 중세 초기부터 북유럽 전역에서 마셨던 알코올성 음료였다. 이에 관한 사료는 많지 않다. 게르만 신화에 등장하는 신족 아스가 준 선물인 동시에 신의 묘약으로 여겨져 종교적인 행사와 의식에서 마시게 되었다고 한다. 값지고 귀해 귀족의 음료로 추앙받았던 벌꿀술이 왜 중세 후기로 갈수록 그들에게 외면당하게 되었는지에 대해서는—아마도 그리스도교의 영향으로 와인에게 그 자리를 빼앗긴 것일 수도 있겠으나—정확히 알 수 없다.

독일이라는 지역으로 한정 짓는다 하더라도 이 책에 언급된 것보다 더 많은 종류의 향신료나 허브가 존재했음에도 왜 이토록 제한된 종류만을 사용했는지는 알 수 없다. 이러한 향신료와 허브에는 원래부터 독일 지역에 자생하던 것이나 오래전에 유입되어 토착화된 것이 있는 한편, 수입에 의존한 이국적인 것이 있다. 전자에 파슬리, 민트, 세이지, 캐러웨이, 셜롯 등이 속한다면 후자에는 후추, 계피, 생강, 육두구, 사프란, 고량강 따위가 속한다. 오늘날 우리가 우리의 부엌에서도 때때로 사용하고 있으며 또 유럽인들이 요리에 빈번히 사용하고 있는 마조람, 로즈마리, 타임, 바질 같은 것들은 중세시대에는 지중해 지역에서 수입하던 품목이었기 때문에 알프스 이북 지역에 속한 독일어권에서는 자주 사용하지 않았던 것으로 보인다. 어찌되었든 향신료와 허브를 넣어 조리하면 음식의 풍미가 좋아지는 것은 틀림없다.

금식일과 육식일

계절에 따른 변화와 자연조건은 오랜 세월 인류의 음식문화에 지대한 영향을 끼친 요인 중 하나였다. 여기에 사회적인 규범이 더해져 고유한 문화를 만들어낸다. 종교적 계율 또한 식생활에 커다란 영향을 미쳤다. 중세인들에게 식생활에서의 종교적 계율이란 특정한 날 섭취할 수 없는 음식과 특정한 단체가 금해야 하는 음식을 의미한다. 금식일. 정해진 기간 동안 음식을 끊음으로써 육체적이고 세속적인 일을 끊고 오로지 신이 뜻한 바에 다가가고자 정한 날이다. 금식일에는 고기를 먹을 수 없었다. 교회는 사람들에게 오직 식물성 음식과 생선만을 먹도록 했다. 시대와 지역에 따라, 또 종교적인 단체에 따라 조금씩 차이가 있었지만 엄격하게 규율을 준수하는 경우에는 달걀은 물론 동물의 젖과 그것으로 만든 치즈 등의 유제품도 금지되었다.《좋은 음식에 관한 책》에 실린 조리법도 크게 육식일과 금식일의 조리법으로 나뉜다. 금식일 기간에 사용이 허락된 재료로는 식물성 기름과 버터, (동물의 젖 대신) 아몬드우유가 있었고, 강꼬치고기나 퍼치 같은 생선을 비롯해 곡물, 과일 등이 있었다. 하지만 중세의 금식일은 우리가 생각하는 것보다 훨씬 더 많은 나날을 차지하고 있었다. 금식을 하지 않아도 되는 육식일은 1년 중 230일을 넘기지 않았다. 가장 오랜 금식 기간은 바로 부활절 전에 40일간 이어지는 사순절이다. 이쯤 되면 중세인에게는 차라리 육식일을 세는 것이 더 수월했을 거라고 말할 수 있을 만큼, 체감하는 금식일은 훨씬 더 길었을 것이다.

중세의 식사 도구

오늘날을 살아가는 우리에게는 중세인들의 식사 풍경 역시 너무나 기이하게 비칠지 모른다. 엘리아스의 말을 빌리자면 우리는 그 모습을 보고 매우 '미개'하다고 생각할 것이다. 중세인들의 식사 도구는 그리 다양하지 않았다. 무엇보다 '식기'라는 개념이 미미했다. 이 책에도 절구를 통째로 데워 그대로 식탁에 내는 요리가 실려 있는데, 이는 식기의 개념, 다시 말해 식탁에서 사용하는 그릇의 개념이 아직 자리 잡고 있지 않았음을 보여주는 증거 중 하나라고 할 수 있다. 각각의 음식은 커다란 대접이나 접시 또는 쟁반에 담겨 나왔고, 그렇게 내온 음식을 개인용 접시에 덜어 빵과 함께 먹는 식이었는데, 이 개인용 접시가 항상 모든 사람에게 제공되는 것은 아니었다. 칼이나 숟가락을 공동으로 사용하기도 하고 개인용 칼을 휴대하기도 했는데, 고기 요리가 나오면 각자 잘라 손으로 집어서 개인 접시에 놓고 먹곤 했다. 개인 접시가 없으면 두껍게 뜯거나 썬 빵 위에 얹어놓고 먹었다. 오늘날까지 남아 있는 중세의 식사 장면을 재현한 미술작품들 속에서도 귀족은 물론 평민들까지 접시 없이 그저 식탁 위에 놓여 있는 빵을 먹고 있는 모습을 쉽게 볼 수 있다. 심지어 어떤 미술작품에는 하인들이 연회장으로 들고 들어오는 청동 접시에 슨 녹이 세세하게 표현되어 있기도 하다. 식기라고는 고작해야 음료 잔 정도와 소금이나 후추를 담은 작은 종지, 그리고 칼이 전부였다.

> "손을 씻지도 않고 밥을 먹는 사람들이 있다고 하는데(이게 사실이라면 그건 하나의 흉조다), 그런 사람들의 손가락은 마비되게 하소서!"

—Tannhäuser, Die Hofzucht, in Der Dichter Tannhäuser, p.196, vv.141f. 노베르트 엘리아스, 《매너의 역사》, 유희수 옮김, 신서원, 2001, 118쪽.

개인적인 식사 도구는 시간이 지나면서 다양하게 세분화되었지만 그것은 훨씬 나중의 일이었고, 계층에 상관없이 중세를 살아가던 대부분의 사람들은 숟가락과 칼 정도만 사용하였다. 식사에 포크를 사용하기 시작한 것은 16세기부터였다. 이미 11세기에 베네치아에 전해진 포크가 독일에서 5세기 가까이 사용되지 못한 것은 종교적인 선입견 때문이었다. 포크가 악마의 상징인 삼지창과 매우 흡사하게 생겨 사용하기를 꺼린 것이다. 개인 접시 또한 중세가 지나고 근대에 들어와서야 널리 사용되기 시작했다. 부의 정도에 따라 나무, 도자기, 주석, 은, 금, 유리 등 그 재질도 다양했다.

중세 후기의 식탁 예절, 《숙지할 만한 행동과 명언 9서》, 1470년경, 대학 도서관, 라이프치히.

방탕(아래)과 절제(위)의 대비를 통해 식탁 예절을 설명하고 있다.

연회 장면, 〈공작의 서원〉, 15세기, 루브르, 파리.

자크 드 롱귀용이 쓴 무훈시 〈공작의 서원〉에 실린 그림으로, 연회의 꽃이라 할 수 있는 아름다운 장식요리를
내오는 장면이다. 장식요리는 공작 형태로 만들어졌다.

참고문헌

원전
필사본

Hausbuch des Michael de Leone, Würzburg 1345/52, Handschrift in München
   UB Cod.ms.731. (https://epub.ub.uni-muenchen.de/10638/)

Hausbuch des Michael de Leone. (http://www.handschriftencensus.de/6441)

Marburger Repertorium. Deutschsprachige Handschriften des 13. und 14.
   Jahrhunderts. (http://www.handschriftencensus.de)

Hausbuch des Micheal de Leone, Würzburg 1350. (https://bavarikon.de/object/
   bav:UBM-HSS-00000BAV80000017)

활자본

Das buoch von guoter spise. Aus der Würzburg-Münchner-Handschrift neu Hg.
   v. Hans Hajek, Berlin 1958.

Ein Buch von guter Speise, Stuttgart 1844.

연구서 및 그 외

노성두, 《성화의 미소》, 아트북스, 2004.

노베르트 엘리아스, 《매너의 역사》, 유희수 옮김, 신서원, 2001.

아키피우스, 《데 레 코퀴나리아》, 박믿음 옮김, 우물이있는집, 2018.

Aichholzer, Doris: "Wildu machen ayn guet essen…". Drei mittelhochdeutsche
   Kochbücher. Erstedition, Übrsetzung, Kommentar, Bern 1999.

Behre, Karl-Ernst: Die Ernährung im Mittelmeer, in: Herrmann, Brand (Hg.):
   Menschen und Umwelt im Mittelalter, Frankfurt am Main 1993.

Blume, Jacob: Das Buch von guter Speise. Mittelalterlich kochen, Göttingen
   2004.

Borst, Arno: Lebensformen im Mittelalter, Frankfurt am Main 1995.

Ehlert, Trude: Kochbuch des Mittelalters, Mannheim 2012.

Ehlert, Trude (Hg.): Küchenmeisterei. Übersetzung und Kommentar zweier Kochbuch-Handschriften des 15. Jahrhunderts, Frankfurt a. M., Berlin, Bern, Bruxelles, New York, Oxford, Wien 2010 (= Kultur, Wissenschaft, Literatur, Beiträge zur Mittelalterforschung, hg. v. Thomas Bein, Bd. 21).

Fahrenkamp, H. Juergen: Wie man eyn teutsche Mannsbild bey Kräfften hält, München 2017.

Goff, Jacques Le: Der Mensch des Mittelalters Essen, Essen 2004.

Grömer, Karina (Hg.): Ernährung in Esskultur, Bd. 147, in: MAGW, Wien 2017.

Klumpp, Andreas: Zubereitungsmethoden und Garprozesse in der mittelalterlichen Küche, Bd. 167, in: MAGW, Wien 2017.

Kornrumpf, Gisela / Völker, Paul-Gerhard: Die deutschen mittelalterlichen Handschriften der Universitätsbibliothek München, Wiesbaden 1968, S. 66-107, Ergänzung S. 349.

(http://bilder.manuscripta-mediaevalia.de/hs//kataloge/HSK0051.htm)

Lorey, Elmar M.: Agrest. Wiederentdeckung eines Würzmittels, In: Der Deutsche Weinbau. Heft 25/26, 2007, S. 14-18.

Paczensky, Gert von / Dünnebier, Anna: Kulturgeschichte des Essens und Trinkens, München 1999.

Peters, Ursula: Literatur in der Stadt. Studien zu den sozialen Voraussetzungen und kulturellen Organisationsformen städtischer Literatur im 13. und 14. Jahrhundert, Tübingen 1983.

Schiedlausky, Günther: Essen und Trinken, München 1956.

Schorbach, Karl: Studien über das deutsche Volksbuch Lucidarius und seine Bearbeitungen in fremden Sprachen (Quellen und Forschungen zur Sprach- und Culturgeschichte der germanischen Völker 74), Straßburg 1894, S. 22-24.

Werfring, Johan: Die vielfältigen Geschmäcker von Verjus, In: Wiener Zeitung, 24. März 2017.

(https://www.wienerzeitung.at/themen_channel/lebensart/wein/880715_Die-vielfaeltigen-Geschmaecker-von-Verjus.html)

백과사전과 사전류

프랜시스 케이스, 《죽기 전에 먹어야 할 세계 음식 재료 1001》, 박누리 옮김, 마로니에북스, 2009.

킬리앙 스탕젤, 《페랑디 조리용어 사전》, 강현정 옮김, 시트롱마카롱, 2017.

Ebner, Jakob: Wörterbuch historischer Berufsbezeichnungen, Berlin, Boston 2015.

Gorys, Erhard: Das neue Küchenlexikon. Von Aachener Printen bis Zwischen-rippenstück, München 1997.

Donndorff, Johann August / August, Johann: Zoologische beyträge zur XIII. Ausgabe des Linneischen natursystems, Bd. 3, Leipzig 1795.

Killy, Walther (Hg.): Literatur Lexikon, Bd. 9, Berlin 2010.

Marzell, Heinrich / Pau, Heinz: Wörterbuch der deutschen Pflanzennamen III [Köln 2000, Nachdruck], Stuttgart, Wiesbaden 1977.

Deutsches Rechtswörterbuch (DRW): http://drw-www.adw.uni-heidelberg.de/drw-cgi/zeige

Historisches Lexikon Bayerns: https://www.historisches-lexikon-bayerns.de/Lexikon/Manuale_des_Michael_de_Leone

Flora: http://www.floraweb.de/index.html

Lebensmittellexikon: https://www.lebensmittellexikon.de

Wörterbuchnetz: http://www.woerterbuchnetz.de/cgi-bin/WBNetz/setup StartSeite.tcl

찾아보기

좋은 음식에 관한 책

현존하는 가장 오래된 독일어 요리 교본

초판 1쇄 발행 2019년 10월 25일

지은이	미하엘 데 레오네
옮긴이	박믿음
펴낸이	박성경
편집	신수진, 차소영
디자인	민혜원

출판등록	2009년 5월 4일 제2010-000256호
주소	서울시 마포구 월드컵로28길 6(성산동, 3층)
전화	02-326-3897
팩스	02-337-3897
메일	tabibooks@hotmail.com
인쇄·제본	영신사

ISBN	978-89-98439-73-6 93900
값	20,000원